轨道交通装修安装设计与施工

上海轨道交通 18 号线实践

Design and Construction of Rail Transit Decoration and Installation:
Practice of Shanghai Metro Line 18

毕湘利　于　宁　仇兆明　刘丽雯　主编

·上海·

内容提要

本书根据相关施工、设计规范的要求，在总结以往经验、参考有关标准和国内外先进技术的基础上，结合上海轨道交通18号线装修及机电安装"施工标准化、工艺艺术化"的实践特点总结而成。全书涵盖了车站设备区、公共区的装修及机电安装的设计和施工要点。

本书可作为从事轨道交通装修安装的设计人员、施工人员、监理人员和管理人员的参考资料。

图书在版编目(CIP)数据

轨道交通装修安装设计与施工：上海轨道交通18号线实践 / 毕湘利等主编. —上海：同济大学出版社，2023.12

ISBN 978-7-5765-0964-9

Ⅰ.①轨… Ⅱ.①毕… Ⅲ.①轨道交通—装饰—工程设计—上海②轨道交通—装饰—工程施工—上海 Ⅳ.①U239.5

中国国家版本馆CIP数据核字(2023)第208538号

轨道交通装修安装设计与施工
上海轨道交通18号线实践

毕湘利　于　宁　仇兆明　刘丽雯　**主编**

| 责任编辑 | 宋　立 | 助理编辑 | 陈妮莉 | 责任校对 | 徐春莲 | 封面设计 | 唐思雯 |

出版发行　同济大学出版社　　www.tongjipress.com.cn
　　　　　(地址：上海市四平路1239号　邮编：200092　电话：021-65985622)
经　　销　全国各地新华书店
排　　版　南京文脉图文设计制作有限公司
印　　刷　常熟市华顺印刷有限公司
开　　本　710mm×1000mm　1/16
印　　张　9.25
字　　数　185 000
版　　次　2023年12月第1版
印　　次　2024年7月第2次印刷
书　　号　ISBN 978-7-5765-0964-9

定　　价　56.00元

本书若有印装质量问题，请向本社发行部调换　　　版权所有　侵权必究

本书编委会

主　　　编：毕湘利　于　宁　仇兆明　刘丽雯
主要参编人员：陆　晨　李文勇　陆渭歧　马　上
　　　　　　　于文欢　阎正才　马申易　陈　昇
　　　　　　　郝卫国　强　祥　袁群虎　王　熹
　　　　　　　张高涵　金　玉　梁广辉　王军辉

前言

随着城市化进程加快,城市规模迅速扩张,为缓解城市交通问题,我国各大城市的轨道交通蓬勃发展。在对轨道交通运营提出便捷、安全、准点等高要求的同时,将车站作为城市文化展示的窗口和名片,对轨道交通的建设,特别是装修及机电安装提出了更高的要求。

车站作为一个人员密集的公共空间,人们每天往来穿梭其中,其环境越来越受到社会各界的普遍关注。在保证主体建筑结构安全、功能完善、服务周到的基础上,装修风格和施工质量直接影响到乘客的乘坐体验和后期的运营维护。

上海地铁在三十多年的建设与发展中积累了大量经验,装修安装设计施工的理念也与时俱进,从以满足交通功能为主,到开展多元空间营造,以人为本、乘客至上,通过精心设计、精细施工,展示城市的文化特色和品牌形象。

以上海轨道交通18号线一期工程为代表,全线车站公共区采用无吊顶的装修手法,充分释放顶部空间,运用BIM技术对管线、支架、灯具等进行视觉化的梳理,使其有序排列、整齐划一,功能融合装饰,呈现出地铁车站独特的工业美感,给予乘客更加舒适愉悦的出行体验,也大大方便了后期的运营维护。通过精细化管理、规范化施工,达到"施工标准化、工艺艺术化"的装修及机电安装目标,凸显项目建设四大特色:自然清新质朴大气、展示地域历史文化、功能完备舒适安全、精益求精匠心制作。该工程北段史上首次以无A类整改项通过初期运营前安全评估,获得"国内地铁历年最佳"的赞誉。该工程先后荣获iF和A+两项国际设计奖、上海市建设工程"白玉兰"奖(市优质工程)、中国安装工程优质奖(中国安装之星)、中国建设工程鲁班奖(国家优质工程)。

在总结上海地铁建设经验,特别是轨道交通18号线实践的基础上,参考有关规范、标准和国内外先进技术，编制了本书。本书主要包括车站设备区、公共区、出地面建（构）筑物的装修安装，以及机电专业的设计和施工方法。

在本书编制过程中，得到了参建单位的大力支持和业内专家的悉心指导，在此一并表示感谢。

编者

2023年12月

目 录

前言

1 设计施工总体原则 ········· 1

2 设备区 ········· 3
 2.1 建筑 ········· 3
 2.2 装修 ········· 6
 2.3 综合支吊架及管线安装 ········· 17
 2.4 强弱电机房装修安装 ········· 25
 2.5 冷冻机房装修安装 ········· 40
 2.6 环控机房及风道的装修安装 ········· 49
 2.7 消防泵房及气瓶间装修安装 ········· 57

3 公共区 ········· 64
 3.1 建筑 ········· 64
 3.2 装修 ········· 67
 3.3 设备及管线安装 ········· 90
 3.4 卫生间 ········· 100
 3.5 导向 ········· 102

4 出地面建筑及设施 ········· 106
 4.1 出入口平台与市政人行道接口 ········· 106
 4.2 整合出入口 ········· 108
 4.3 独立出入口 ········· 111

4.4 室外冷却塔 ··· 113

5 机电安装 ··· 114
   5.1 接触网、环网电缆、杂散电流、疏散平台 ································ 114
   5.2 牵引降压混合变电所及降压变电所 ·· 119
   5.3 通信信号 ··· 124

参考文献 ··· 134

附录 ··· 136

1 设计施工总体原则

轨道交通装修安装设计与施工应符合以下总体原则。

1.1 优化全线机电管线设计施工,结合装修风格,整体化考虑功能和装饰,使车站具有良好的视觉效果。

1.2 墙柱面采用整板设计,整体呈现简洁明快、高度秩序化的装饰效果。

1.3 装修设计施工中需注意的事项:

(1) 墙柱面终端应由装修设计统一排布,各施工单位(包括装修安装、机电安装等)按图施工,不得随意移位。

(2) 墙柱面终端原则上采用嵌入式安装。箱体、开关等设备应按照底边齐平、间距均等的原则安装。

(3) 顶部同类终端布置应成排成线。

(4) 在施工前,顶棚、地面、墙面的装饰材料应事先排版,并由设计师确认后方可施工。

(5) 所有装饰材料应整体统筹、批次下单,避免因批次差异导致的材料色差。

1.4 机电安装设计施工中需注意的事项:

(1) 机电设备及管线排布应结合装饰形式及空间进行合理化布置,做到整齐、统一、美观。

(2) 综合支吊架的优化应考虑装饰面的空间及视觉效果,并按照车站区域(公共区、设备区)做到形式统一、纵横向对齐。

(3) 管线排布遵循自上而下的原则,先风管后桥架再水管。小管让大管,分支管让主干管,有压管让无压管,低压管让高压管,一般管道让通风管。常温管让低(高)温管,低温管道应考虑保温措施。电气管道在上、给水管道在下,给水管在上、排水管在下。

(4) 车站灯具应根据区域(设备区、公共区)差异布置,并兼顾照明灯具形式、照度等的要求,排布对称美观,点状灯具排布应做到成排成线。

(5) 设备、管线的布置应考虑后期维护需求，留足阀门、管线、设备操作及检修空间。

1.5 管线综合优化设计和施工中需注意的事项：

(1) 利用BIM技术对管线布置进行优化。

(2) 综合支吊架的安装位置应考虑与装饰面的关系，避免出现二者碰撞的情形，确保装饰面的完整性。

(3) 需考虑管道保温及其厚度，留足设备、管线的安装及检修空间。

(4) 施工前需制定合理的安装工艺流程，并在施工过程中根据现场情况进行调整。

1.6 对于车站电缆井的设置，应精简电缆桥架在设备区走廊的空间。设计时宜根据弱电机房排布位置，在弱电机房内适当增加区间电缆引入孔，将进站电缆进行分流，就近多处引入弱电机房。

1.7 区间人防门预埋管及站内电缆排布应按照区间电缆支架摆放的规则，从上至下细化各个专业的电缆，避免区间电缆穿人防门时出现错乱交叉的问题。

2 设备区

设备区是承担轨道交通运行管理和维护的核心区域,包括供电、环控、通信、信号、给排水及消防等系统设备用房和管理用房等,涉及专业众多,接口繁杂,管线密集,因此在装修安装过程中应综合考量各种因素,统筹协调安排工序搭接,在满足功能可靠性、可用性、可维护性和安全性的基础上,营造现代工业美感,打造和谐舒适环境。

2.1 建筑

设备区的建筑设计与施工要以功能为主,除须满足消防及其他规范要求外,还须考虑运维人员的使用需求和舒适性,设计与施工中应特别注意以下事项。

2.1.1 设备箱柜暗装时,不得影响墙体本身应具有的防火性能。

2.1.2 设备箱柜暗装时,若箱柜厚度超过墙体厚度,则该专业设计师应与建筑师配合,提出专项安装方案。

2.1.3 对于墙体上室外/室内箱柜已占用的部位,室内/室外同位置不宜再布置箱柜。

2.1.4 可拆卸墙的墙体上不应布置箱柜及管线。同时,为确保运输通道的畅通,在运输通道范围内,相应吊顶的高度应不小于运输通道的高度。

2.1.5 设备区走廊的宽度应按照消防要求,单侧开门时装饰完成面之间的净宽不小于1 200 mm,双侧开门时装饰完成面之间的净宽不小于1 500 mm。

2.1.6 设备区走廊部位的消火栓箱应嵌墙安装,室内消火栓箱宜嵌墙安装。当消火栓箱安装部位墙体为钢筋混凝土,且无法在设计规范许可范围内调整消火栓箱安装位置并避开混凝土墙体时,可采用壁挂安装的方式。消火栓箱安装高度为消火栓栓口距离地坪装饰完成面1 100 mm。消火栓背墙应砌筑到顶。

2.1.7 设备管线穿墙时应做好防火封堵并在四周设防火板收口色带,颜色与门同。在面向公共区侧的墙面上,以及有吊顶房间中吊顶以上的墙面上,防火板色带的颜色同墙面。防火封堵色带做法如图2.1所示。

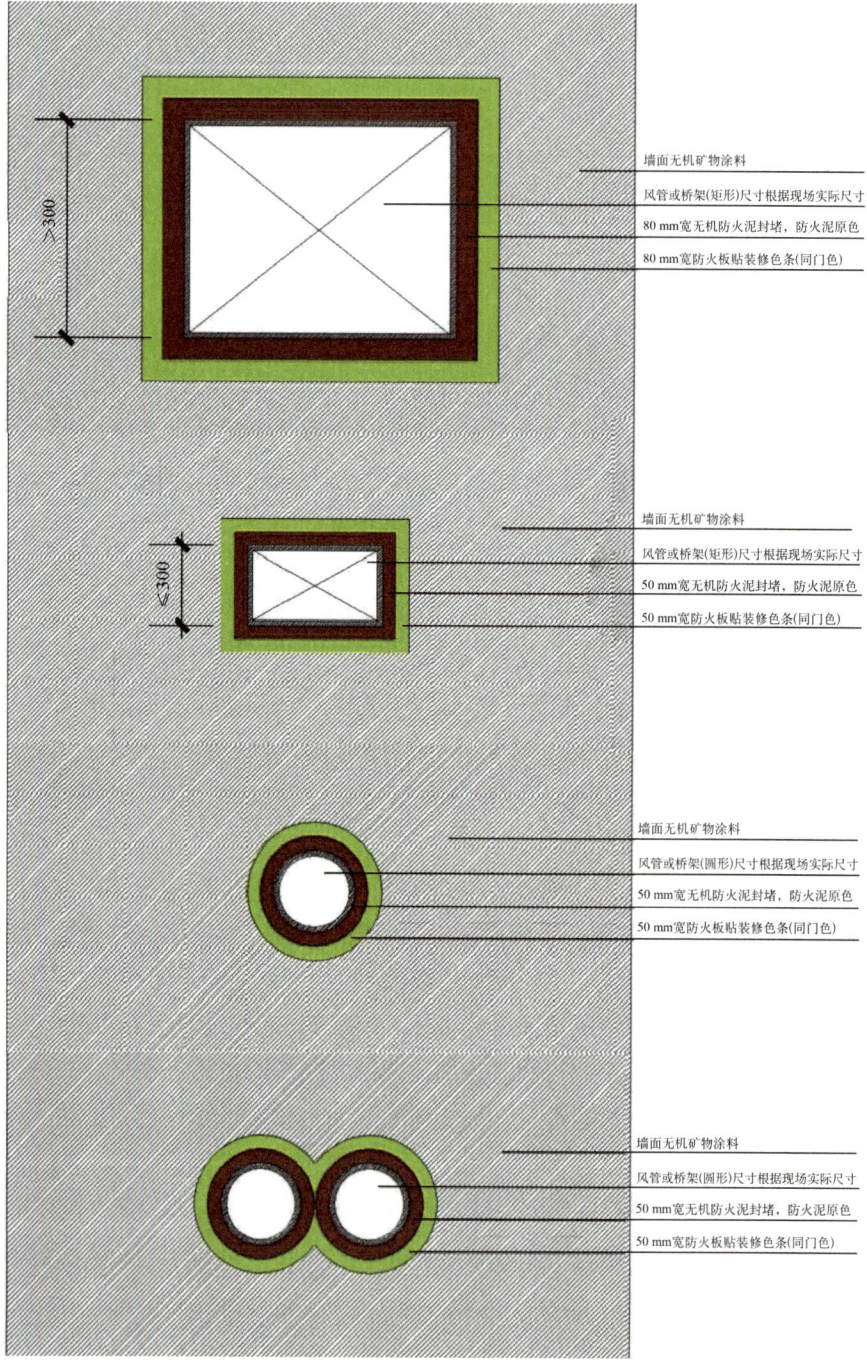

图 2.1　防火封堵色带做法(单位:mm)

2.1.8 设备区、管理用房走廊内若有明显的立管时,应设置轻钢龙骨隔墙封闭,如图 2.2 所示。

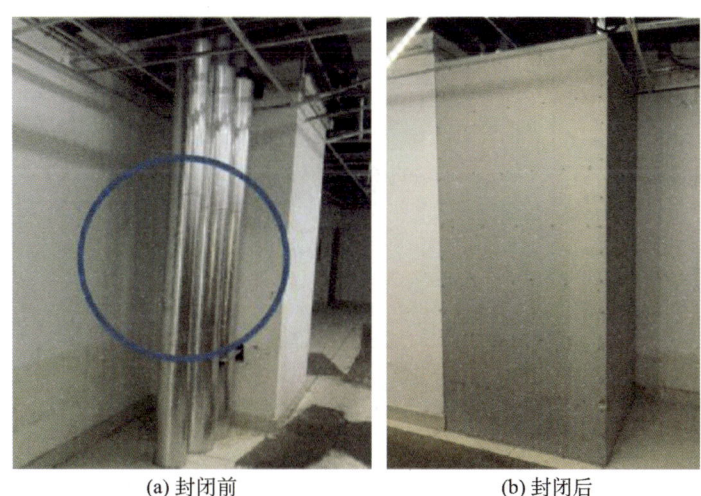

(a) 封闭前　　　　　　　(b) 封闭后

图 2.2　走廊封闭做法

2.1.9 疏散楼梯间疏散路径上的人防门应采用无门槛人防门,门槛与地面不应有高差。因人防要求确实无法找平的,应采用斜缓坡连接,斜缓坡做法如图 2.3 所示。

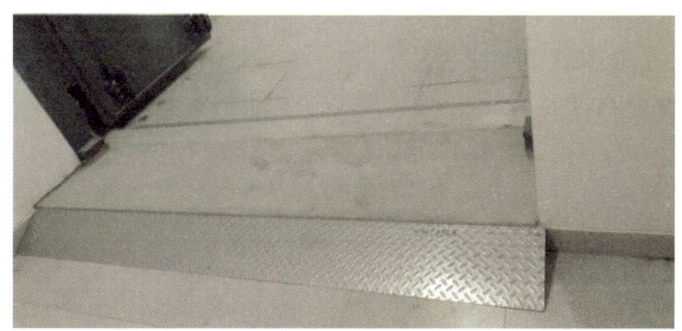

图 2.3　斜缓坡做法

2.1.10 机电房间侧墙设置挂墙机柜或其他设施时,应确保侧墙设施设备的投影不侵入门框范围。门垛宜加长至 300 mm,若机柜设施厚度超过 300 mm,则按实际需求调整。门垛加长设计图与门垛加长做法分别如图 2.4 和图 2.5 所示。

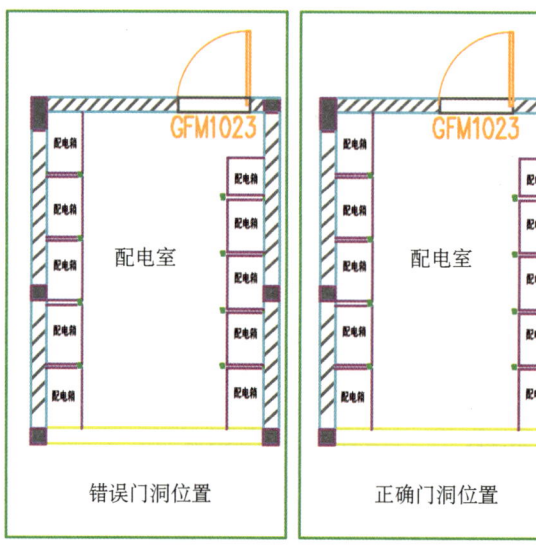

图 2.4　门垛加长设计图　　　　图 2.5　门垛加长做法

2.2　装修

设备区的装修设计与施工以功能为主,兼顾视觉需求。装修选材应方便施工、减少干扰、降低成本。施工前,顶地墙应排版放线,满足对缝要求。管理用房家具应结合各专业终端统一布置。墙面终端应按照底边齐平的原则安装。

2.2.1　色彩(上海轨道交通18号线)

2.2.1.1　设备区房间建筑板底及管线等设备色卡的要求

设备区房间色卡表如表 2.1 所列。

表 2.1　设备区房间色卡表

序号	房间	机柜	墙面	地面	顶棚(风管桥架动照管线)	消防
1	通信设备室	丝灰 (RAL7044)	信号白 (RAL9003)	架空地板 (白色)	丝灰 (RAL7044)	红色 (消防红色)
2	信号设备室	丝灰 (RAL7044)	信号白 (RAL9003)	架空地板 (白色)	丝灰 (RAL7044)	红色 (消防红色)

(续表)

序号	房间	机柜	墙面	地面	顶棚(风管桥架动照管线)	消防
3	环控电控室	丝灰(RAL7044)	米灰色(嘉宝莉17210P)	浅灰色地砖	丝灰(RAL7044)	红色(消防红色)
4	整流变压器室	丝灰(RAL7044)	米灰色(嘉宝莉17210P)	浅灰色地砖	丝灰(RAL7044)	红色(消防红色)
5	低压配电室(400 V开关柜室)	丝灰(RAL7044)	米灰色(嘉宝莉17210P)	浅灰色地砖	丝灰(RAL7044)	红色(消防红色)
6	高压开关柜室(35 kV开关柜室)	丝灰(RAL7044)	米灰色(嘉宝莉17210P)	浅灰色地砖	丝灰(RAL7044)	红色(消防红色)
7	直流开关柜室	丝灰(RAL7044)	米灰色(嘉宝莉17210P)	浅灰色地砖	丝灰(RAL7044)	红色(消防红色)
8	控制室	丝灰(RAL7044)	米灰色(嘉宝莉17210P)	浅灰色地砖	丝灰(RAL7044)	红色(消防红色)
9	UPS电源室	丝灰(RAL7044)	米灰色(嘉宝莉17210P)	架空地板(白色)	丝灰(RAL7044)	红色(消防红色)
10	消防泵房	红色(消防红色)	墙面砖贴到3 000 mm处(300 mm×600 mm玻化砖),以上为丝灰(RAL7044)	浅灰色地砖	丝灰(RAL7044)	红色(消防红色),蓝色,银灰色
11	民用通信机房	丝灰(RAL7044)	信号白(RAL9003)	防静电地砖(布纹)	丝灰(RAL7044)	红色(消防红色)

注:1. 消防泵房隔离网用明黄色。
   2. 房间内挂墙设备箱体用丝灰(RAL7044)橘皮面。
   3. 走廊内挂墙设备箱体用丝灰(RAL7044)橘皮面。
   4. 墙面线槽颜色同箱体,用丝灰(RAL7044)。
   5. 天花的涂料颜色,延伸至墙面支架底下200 mm。

2.2.1.2 设备区无吊顶、无特殊要求的区域,建筑板底及管线等设备色卡的要求如表2.2所列。

表 2.2 一般设备区色卡表

序号	房间	墙面	地面	顶棚(管线、末端设备、综合支架)
1	废水泵房	墙面砖贴到 3 000 mm 处(300 mm×600 mm 淡黄色玻化砖),以上为涂料米灰色(嘉宝莉 17210P)	浅灰色地砖	丝灰(RAL7044)
2	污水泵房	墙面砖贴到 3 000 mm 处(300 mm×600 mm 淡黄色玻化砖),以上为涂料米灰色(嘉宝莉 17210P)	浅灰色地砖	丝灰(RAL7044)
3	回/排风室	丝灰(RAL7044)	浅灰色地砖	丝灰(RAL7044)
4	风井道	丝灰(RAL7044)	浅灰色地砖	丝灰(RAL7044)
5	环空机房	丝灰(RAL7044)	浅灰色地砖	丝灰(RAL7044)
6	区间通风机房	丝灰(RAL7044)	浅灰色地砖	丝灰(RAL7044)
7	小通风机房	丝灰(RAL7044)	浅灰色地砖	丝灰(RAL7044)
8	接触网工区	丝灰(RAL7044)	浅灰色地砖	丝灰(RAL7044)
9	AFC 设备室	丝灰(RAL7044)	架空地面(白色)	丝灰(RAL7044)
10	站台门管理室	丝灰(RAL7044)	架空地面(白色)	丝灰(RAL7044)
11	气瓶间	丝灰(RAL7044)	浅灰色地砖	丝灰(RAL7044)
12	电缆夹层	—	浅灰色地砖	素水泥顶(原管线颜色)

注:1. 轨行区板底墙面喷涂黑色(PANTONE Black 2 C)涂料。
　　2. 轨行区车道边走廊板底喷涂黑色(PANTONE Black 2 C)涂料。
　　3. 轨行区设备走廊墙面为白色涂料。

2.2.1.3 设备区管理用房、有吊顶及走廊区域色卡的要求如表 2.3 所列。

表 2.3 管理用房色卡表

序号	房间	墙面(颜色参考大师色卡)	地面	顶棚吊顶	管线	末端设备	综合支吊架
1	车控室	木饰面铝板和家具(富美家 9281NG)	防静电地砖(布纹)	白色	原管线颜色	米灰色(嘉宝莉 17210P)	镀锌支架原色

(续表)

序号	房间	墙面(颜色参考大师色卡)	地面	顶棚吊顶	管线	末端设备	综合支吊架
2	站长室	米灰色(嘉宝莉17210P) 木饰面贴皮(富美家9281NG)	长条形木纹色地砖(木纹)	白色	原管线颜色	米灰色(嘉宝莉17210P)	镀锌支架原色
3	男女更衣室	米灰色(嘉宝莉17210P) 木饰面贴皮(富美家9281NG)	长条形木纹色地砖(木纹)	白色	原管线颜色	米灰色(嘉宝莉17210P)	镀锌支架原色
4	清扫室	白色	淡黄色玻化砖	白色	原管线颜色	米灰色(嘉宝莉17210P)	镀锌支架原色
5	警务室	米灰色(嘉宝莉17210P)	淡黄色玻化砖	白色	原管线颜色	米灰色(嘉宝莉17210P)	镀锌支架原色
6	值班室	米灰色(嘉宝莉17210P)	淡黄色玻化砖	白色	原管线颜色	米灰色(嘉宝莉17210P)	镀锌支架原色
7	收款室	米灰色(嘉宝莉17210P)	淡黄色玻化砖	白色	原管线颜色	米灰色(嘉宝莉17210P)	镀锌支架原色
8	站务用房	米灰色(嘉宝莉17210P)	淡黄色玻化砖	白色	原管线颜色	米灰色(嘉宝莉17210P)	镀锌支架原色
9	信号料库	米灰色(嘉宝莉17210P)	淡黄色玻化砖	白色	原管线颜色	米灰色(嘉宝莉17210P)	镀锌支架原色
10	司机室	米灰色(嘉宝莉17210P)	淡黄色玻化砖	白色	原管线颜色	米灰色(嘉宝莉17210P)	镀锌支架原色
11	信号工区用房	米灰色(嘉宝莉17210P)	淡黄色玻化砖	白色	原管线颜色	米灰色(嘉宝莉17210P)	镀锌支架原色
12	备用间及仓库	米灰色(嘉宝莉17210P)	淡黄色玻化砖	白色	原管线颜色	米灰色(嘉宝莉17210P)	镀锌支架原色
13	交接班室	米灰色(嘉宝莉17210P) 木饰面贴皮(富美家9281NG)	长条形木纹色地砖(木纹)	白色	原管线颜色	米灰色(嘉宝莉17210P)	镀锌支架原色
14	茶水间	300 mm×600 mm 淡黄色玻化砖	淡黄色玻化砖	白色	原管线颜色	米灰色(嘉宝莉17210P)	镀锌支架原色
15	卫生间	300 mm×600 mm 淡黄色玻化砖	淡黄色玻化砖	白色	原管线颜色	米灰色(嘉宝莉17210P)	镀锌支架原色
16	列车维修人员室	米灰色(嘉宝莉17210P)	淡黄色玻化砖	白色	原管线颜色	米灰色(嘉宝莉17210P)	镀锌支架原色

(续表)

序号	房间	墙面(颜色参考大师色卡)	地面	顶棚吊顶	管线	末端设备	综合支吊架
17	公务用房	米灰色(嘉宝莉17210P)	淡黄色玻化砖	白色	原管线颜色	米灰色(嘉宝莉17210P)	镀锌支架原色
18	配电间	米灰色(嘉宝莉17210P)	淡黄色玻化砖	白色	原管线颜色	米灰色(嘉宝莉17210P)	镀锌支架原色
19	车辆日检室	米灰色(嘉宝莉17210P)	淡黄色玻化砖	白色	原管线颜色	米灰色(嘉宝莉17210P)	镀锌支架原色
20	走廊	300 mm×600 mm 淡黄色玻化砖	淡黄色玻化砖	白色	原管线颜色	米灰色(嘉宝莉17210P)	镀锌支架原色

2.2.2 设备区、管理用房走廊通用要求

2.2.2.1 墙面的电源箱、开关等设备应按照底边齐平、间距均等的原则布置安装，所有墙面上的箱体、开关底边应距地坪装饰完成面1 300 mm，并按照尺寸大小排列整齐，如图2.6所示。

图2.6 走廊墙面箱体做法

2.2.2.2 墙面照明开关应嵌墙安装在便于人员操作的位置。

2.2.2.3 墙面读卡器安装要求：对于单门，应安装在门扇的门把手一侧，距离门框200 mm；对于双门，应安装在左门扇一侧，距离门框200 mm。

2.2.2.4 防火门门框凸出瓷砖完成面不超过 3 mm,并留 3 mm 宽缝隙。门框上口应与墙面瓷砖对缝,如图 2.7 所示。

(a)

(b)

图 2.7 门框做法

2.2.2.5 疏散指示标志一般应采用嵌入式安装。设备用房内除混凝土墙上的疏散指示标志外,均应采用嵌入式安装。

2.2.2.6 设置在安全出口或疏散出口上方的疏散指示标志,其下边缘距门的上边缘 200 mm(不宜大于 300 mm);设置在墙面的疏散指示标志,其下边缘距地坪装饰完成面 500 mm。若疏散指示标志上下存在跨面砖设置的情况,应沿砖缝中间布置。

2.2.2.7 墙、地、顶铺设时宜对缝,如图 2.8 所示。

2.2.2.8 吊顶采用 600 mm×600 mm NAFC 板,吊顶完成面标高应大于或等于 2 800 mm。若有挡烟垂壁设置困难的情况,应采用镂空率为 25% 的穿孔铝合金吊顶,穿孔的孔径不宜小于 5 mm,穿孔铝板式样如图 2.9 所示。

2.2.2.9 桥架检修宽度不应小于 400 mm,以免影响后期检修。

2.2.2.10 房间门口设置整块与走廊同色门槛石,门槛石宽度同墙装修厚度。

图 2.8　墙、地、顶对缝做法　　　　　图 2.9　穿孔铝板式样

2.2.3　员工房间(有吊顶房间)通用要求

2.2.3.1　吊顶高度应不小于 3 000 mm。

2.2.3.2　茶水间、卫生间等用水房间吊顶应采用防水石膏板,不得采用 NAFC 板。

2.2.3.3　吊顶面层龙骨应采用 T 型件,确保面层整齐、分缝严密,如图 2.10 所示。

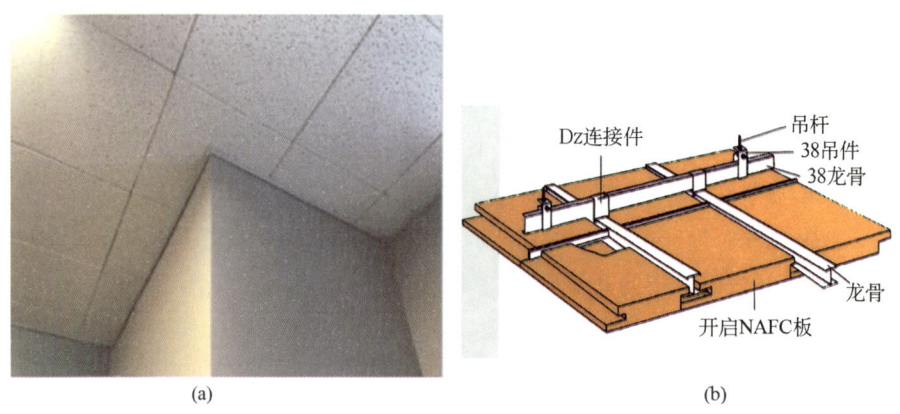

图 2.10　吊顶龙骨 T 型件做法

2.2.3.4　顶部风口百叶应与吊顶模数一致,如图 2.11 所示。

2.2.3.5　顶部感烟探测器、VRV 室内机应保持模数居中设置,如图 2.12 所示。

2.2.3.6　在顶面排版时,应充分考虑橱柜与顶部灯具、烟感探测器、风口及喇叭的位置关系,不应出现柜体挡住顶部灯具设备的情况。

图 2.11 风口百叶做法

图 2.12 烟感探测器、VRV 室内机做法

2.2.3.7 橱柜门上方应留 100 mm 的空间,避免出现开门碰撞顶部设备的情况,如图 2.13 所示。

2.2.3.8 墙面涂料面层应粉刷至吊顶完成面以上大于或等于 100 mm 处,其余部分应抹灰并刮平、压实抛光。

2.2.3.9 室内各相关专业墙面控制开关安装顺序按离门框从近到远依次为照明开关、开门按钮（票务室内为门禁读卡器）、紧急破玻按钮、空调开关。照明开关距离门框 200 mm,开门按钮与紧急破玻按钮紧邻安装。墙面控制开关

图 2.13 橱柜门做法

水平间距为 80 mm,底边距地坪装饰完成面 1 300 mm 并保持底部齐平。室内墙面开关设计图与现场照片分别如图 2.14 和图 2.15 所示。

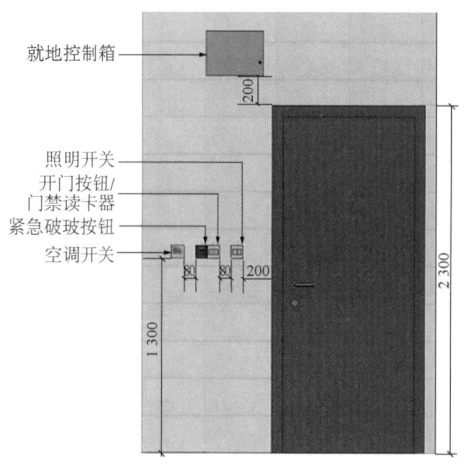

图 2.14　室内墙面开关设计图(单位:mm)

图 2.15　室内墙面开关

2.2.3.10　家具按整体式橱柜布置,不应出现死角或空缺。橱柜门板设斜边暗开。家具制作图由监理及设计师签字确认后方可实施。

2.2.3.11　茶水间、卫生间和淋浴房在施工前应复核房间内电器(开水机、直饮水机、洗衣机、热水器等)的电源、上下水是否布置到位,不应出现有设备无水电的情况。其中,茶水间的做法如图 2.16 所示。

2.2.3.12　交接班室、更衣室地面采用 1 200 mm× 200 mm 木纹地砖,同色踢脚。地砖及色调与家具协调。

图 2.16　茶水间做法

2.2.4　车控室要求

2.2.4.1　车控室采用石膏板吊顶,顶棚造型高处不低于 3 150 mm、低处不低于 2 800 mm。照明灯具全部为 CCCF 应急筒灯,照度 300 lux,色温 4 000 K。保留装饰灯带,但不计入照度计算。

2.2.4.2 顶棚造型中部间距宜大于观察窗并与观察窗中心对齐。车控室做法如图 2.17 所示。

图 2.17　车控室做法

2.2.4.3 造型顶棚内侧面做通长排风口。所有送、排风应采用侧送侧回的方式，如图 2.18 所示。

图 2.18　排风口做法

2.2.4.4 车控室墙面为木纹铝板，采用 100 mm 金属成品踢脚。房间家具与墙面整合设计。

2.2.4.5 车控室 IBP 盘上下、大屏幕上下、防火观察窗上下的铝板应做整板。铝板做法如图 2.19 所示。

2.2.4.6 车控室玻璃柜和橱柜隔断应按《微型消防站通用技术规定》（企业标准）和运营公司的要求进行设置。消防物品柜分格及荷载应按相应消防柜要求设置。橱柜下面内凹踢脚颜色和橱柜颜色一致，如图 2.20 所示。

(a) IBP盘

(b) 大屏幕

(c) 防火观察窗

图 2.19　铝板做法

图 2.20　橱柜做法

2.3 综合支吊架及管线安装

机电设备系统专业管线多,种类繁杂,通过精细化的管线布置设计与施工,满足管线安装与检修维护需求,并与空间装饰效果完美结合。

2.3.1 综合支架

2.3.1.1 综合支架设置范围如下:

(1) 设备区走廊内的支吊架、桥架。

(2) 主要设备机房、管理用房及风道内顶部的支吊架、桥架。

(3) 图纸(招标)所要求的其他范围。

2.3.1.2 设备区综合支吊架、桥架、连接件等构件表面处理为环氧喷涂,色号RAL7044。

2.3.1.3 综合支吊架设计间距为 2 m(特殊节点可依据载荷调整),标准桥架长度为 2 m/节。

2.3.1.4 综合支吊架系统须具备耐火性能,时效应满足设计要求。

2.3.1.5 C 型钢选型范围:41 mm×21 mm、41 mm×41 mm、41 mm×62 mm、41 mm×82 mm,必要时吊杆可双拼,但应保证其拼接强度。

2.3.1.6 综合支吊架所有横担背孔向下,吊杆与横担齐平。

2.3.1.7 型钢端盖颜色须与安装位置的 C 型钢颜色一致。

2.3.1.8 连接件采用 3 孔双卷边设计,厚度 4 mm 带加劲肋,使用配套防松扣垫,未涂色且外露可见的螺栓、螺母须进行喷涂。连接件构造如图 2.21 所示。

2.3.1.9 所有桥架水平(垂直)转角原则上宜采用 45°,如图 2.22 所示,断面上管线转角与桥架转角一致。

图 2.21 连接件构造

2.3.2 管线及桥架

2.3.2.1 桥架通用技术要求

2.3.2.1.1 桥架弯头(水平、垂直方向)制作形式为槽式、梯式桥架水平弯内外侧均为 45°,垂直弯夹角 135°。相同位置的多层桥架转弯和爬升时保持一致。上下层桥架水平转弯时保持位置一致,转角处对齐。桥架转弯形式如图 2.23 所示。

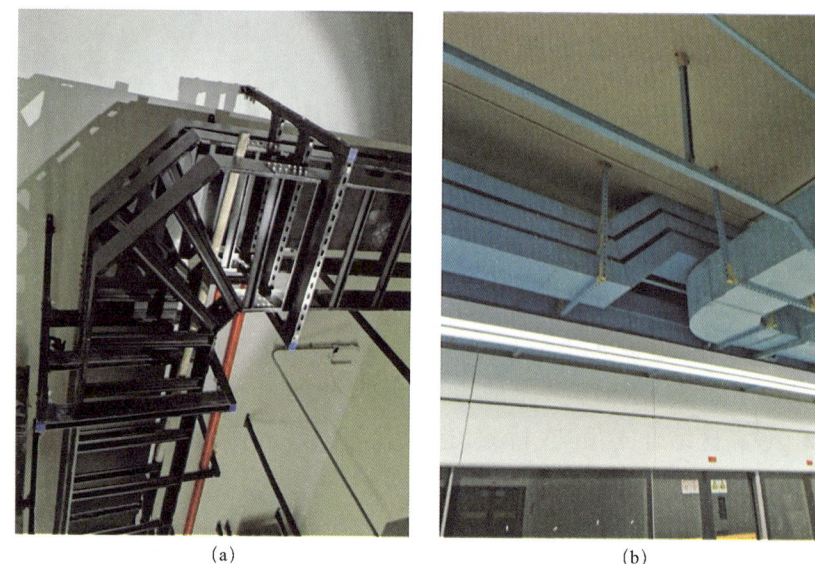

图 2.22 桥架水平(垂直)转角做法

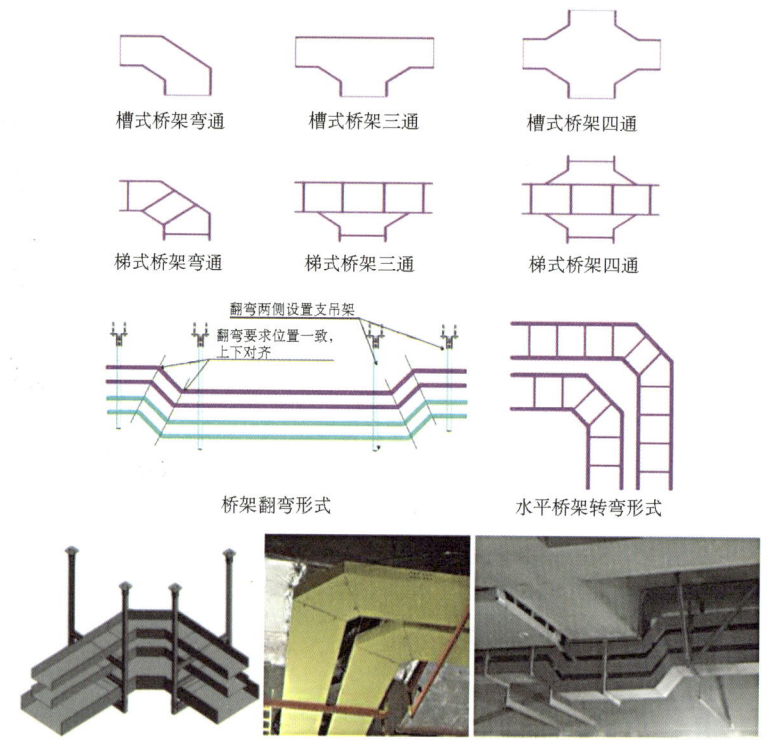

图 2.23 桥架转弯形式

2.3.2.1.2 气体灭火管道设置支吊架时,在转弯处和喷头处需设置防晃支吊架,支吊架的具体形式及间距参照气体灭火安装规范要求。

2.3.2.1.3 伸缩节两侧应按图集要求设置支吊架。

2.3.2.1.4 抗震支吊架设置总体原则如下(特殊管线依据荷载进行计算调整):

1. 单专业管线

(1) 水管:侧向 12 m 间距,一侧固定。纵向 24 m 间距,一侧固定。转弯处 0.6 m 范围加设侧向点位。

(2) 桥架:侧向 12 m 间距,0.8 m 宽度以下一侧固定,超过 0.8 m 宽度两侧固定。纵向 24 m 间距,一侧固定。转弯处 0.6 m 范围加设侧向点位。

(3) 风管:侧向 9 m 间距,1.8 m 宽度以下一侧固定,超过 1.8 m 宽度两侧固定。纵向 18 m 间距,一侧固定。转弯处 0.6 m 范围加设侧向点位。

2. 综合排布管线

(1) 公共区:综合支吊架 2 m 间距情况下,满足通常区域支吊架美观要求,统一设置 8 m 间距侧向抗震支撑,16 m 间距纵向支撑。

(2) 设备区走廊区域:设置侧向 8 m 间距,纵向 16 m 间距。转弯处 0.6 m 范围加设侧向点位。当侧向支撑不满足常规做法要求时,对侧向支撑提供如图 2.24 所示的两种优化形式。

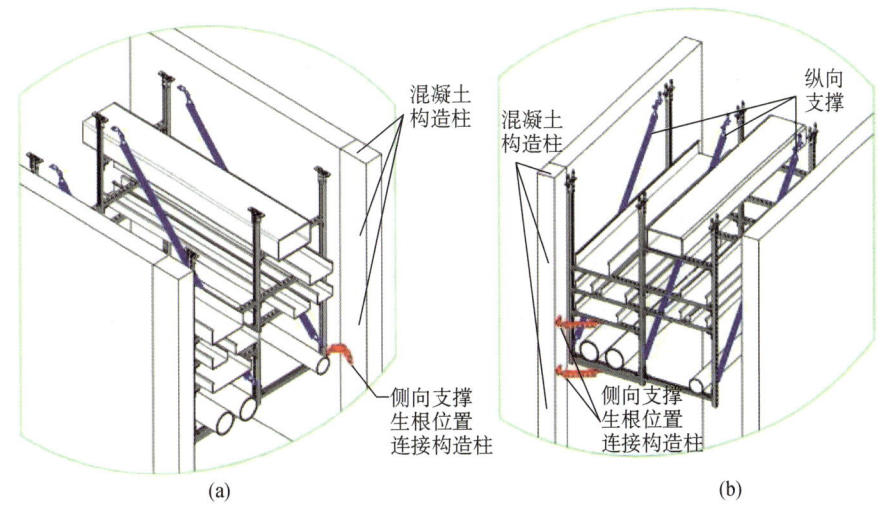

图 2.24 侧向支撑优化形式

2.3.2.1.5 支吊架安装注意事项：
(1) 支吊架在安装过程中必须注意表面涂层的保护，不允许支架表面出现划痕。支吊架加工现场需要做好定制的货架和木制的拼装平台。
(2) 终端设备就近与综合支吊架结合，如图 2.25 所示。

图 2.25 终端设备与综合支吊架结合

2.3.2.2 风管安装通用技术要求

2.3.2.2.1 车站内的风管，根据施工图要求需要做防火板及保温绝热处理的，在原有模型上应加上所需要材料的厚度。在施工图中，风管如有标示需要包裹防火板的，统一在风管外侧留有 60 mm 的材料厚度空间；如只是需要包裹保温棉绝热材料的，统一在风管外侧留有 40 mm 的材料厚度空间（注：在公共区、环控机房及设备区无吊顶的区域空调系统镀锌钢板送风管、回风管均需统一留有 100 mm 的材料厚度空间）。特别需要注意防火分区的防火墙处防火阀两侧 2 000 mm 范围有防火板包裹，须留有 100 mm 的材料厚度空间。

2.3.2.2.2 当风管宽度在 500 mm 及以下时,风管弯曲半径 R 弯头或三通为 200 mm,支吊架与风管弯曲半径 R 弯头或三通内侧净间距为 400 mm。

2.3.2.2.3 当风管宽度在 1 000 mm 及以下时,风管弯曲半径 R 弯头或三通为 250 mm,支吊架与风管 R 弯头或三通内侧净间距为 450 mm。

2.3.2.2.4 当风管宽度在 1 000～2 000 mm 时,风管弯曲半径 R 弯头或三通为 350 mm,支吊架与风管 R 弯头或三通内侧净间距为 550 mm。

2.3.2.2.5 当风管宽度在 2 000 mm 及以上时,风管弯曲半径 R 弯头或三通为 450 mm,支吊架与风管 R 弯头或三通内侧净间距为 650 mm(以所有风管的外表面为准)。风管弯头做法如图 2.26 所示。

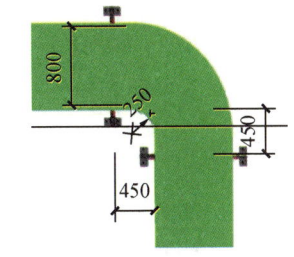

图 2.26 风管弯头做法（单位:mm）

2.3.2.3 风管最外层表面至最近的支吊架竖杆内径间距为 90 mm,同时风管上侧面距离顶板 100 mm;在同一套支吊架内有多层风管时,以最大宽度的风管为准。站厅层风管(考虑保温及防火板后)上表面距离顶板 100 mm。当风管在同层支吊架内水平布置时,水平净距不宜小于 100 mm,且不大于 200 mm,风管在支吊架内分层布置时,根据现场以最大宽度风管居中或靠边对齐。风管支吊架做法如图 2.27 所示。

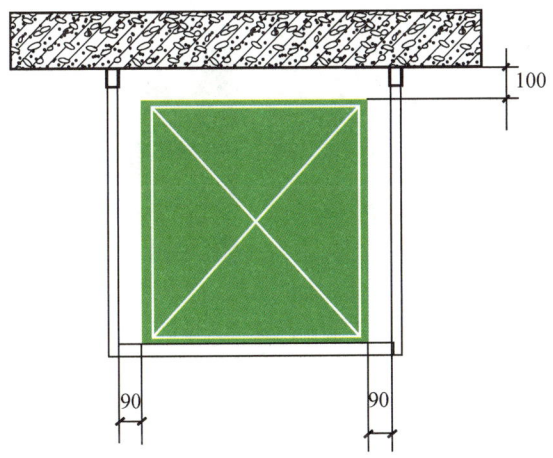

图 2.27 风管支吊架做法(单位:mm)

2.3.2.4 风管安装与弯头的处理

2.3.2.4.1 风管平行安装,尺寸长度一致,法兰接口位置一致,如图 2.28 所示。

图 2.28 风管平行安装做法

2.3.2.4.2 风管平行安装,弯头弧度一致,半径一致,调节阀安装位置一致,法兰接口位置一致,弯头两端延长长度一致,如图 2.29 所示。

(a)   (b)

图 2.29 风管弯头做法

2.3.2.4.3 风管弯头、变径处的防火板外包覆施工,防火板采取平滑曲面包覆,长边大于 800 mm 的弯头,在弯头中间部位增加支架,如图 2.30 所示。

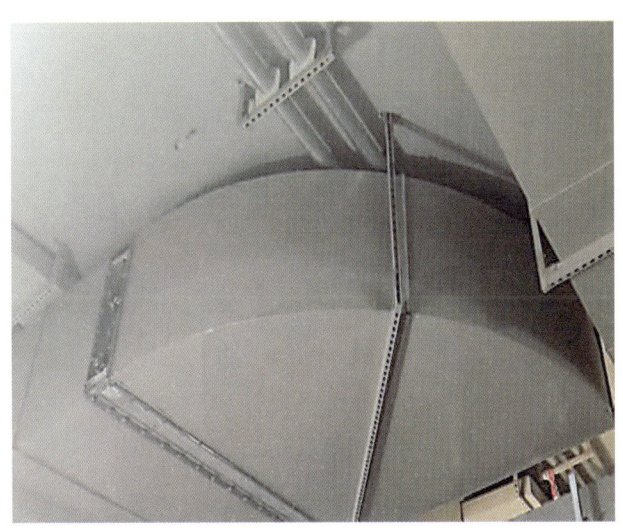

图 2.30 风管弯头、变径处防火板包覆做法

2.3.2.5 防火板包覆做法

(1) 镀锌钢板风管防火板外包工艺采用四角主龙骨为 50 mm× 30 mm×1.2 mm 方钢,中间副龙骨采用 80 mm×30 mm×0.6 mm 轻钢龙骨,外用沉头螺丝将防火板固定在主、副龙骨上的方案制作。

(2) 选择防火板横穿支架交叉外覆,确保防火板施工完毕后综合支架全部外露在防火板外。

(3) 支架采用附加支架固定点支撑的综合支架,保证防火板能顺利地穿越综合支架,避免后续运营阶段因设备运转引起风管震动,而造成防火板开裂或脱落。

(4) 风管配件处的防火板包覆施工,防火板根据配件造型进行曲面包覆。

(5) 当风管长边尺寸大于 1 200 mm 时,底部防火板安装时增加一道纵向轻钢龙骨做加固处理,防火板纵向主龙骨采用方钢龙骨,横向环形副龙骨采用轻钢龙骨。

(6) 当风管长边尺寸大于 1 800 mm 时,底部防火板安装时增加两道纵向方钢龙骨做加固处理,防火板主、副龙骨全部采用方钢龙骨。

(7) 风管长边尺寸每增加 600 mm,底部防火板安装时相应增加一道纵向方钢龙骨做加固处理。

镀锌钢板风管防火板外包工艺如图 2.31 所示。

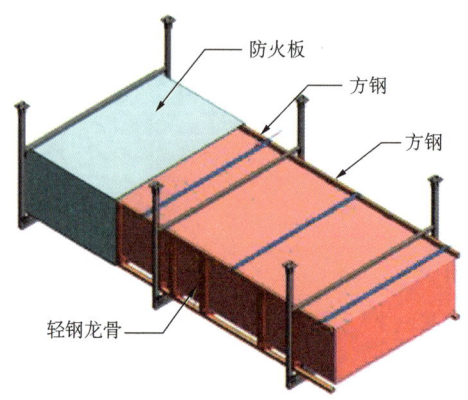

图 2.31 镀锌钢板风管防火板外包工艺

2.3.2.6 六类用房[①]、公共区及无吊顶区域的复合风管安装,支架间距为 2 000 mm 的,复合风管定制长度为 750 mm、1 250 mm、750 mm、1 250 mm……依此类推。复合风管 750 mm 段中心均与支架中心对齐,避免出现安装时插条法兰与支架碰撞、插条不便于安装的问题。

2.3.2.7 设备走廊排烟风管宜位于桥架、水管上方,排烟风口不能被其他管线遮挡;排烟口高度高于挡烟垂壁下沿 500 mm 以上;在满足排烟效果的条件下,可考虑侧面开风口,并按照距地坪装饰完成面净高不低于 2 800 mm 设置。设备区走廊管线布置如图 2.32 所示。

(a)　　　　　　　　　　　　(b)

图 2.32 设备区走廊管线布置

---

① 六类用房主要指通信机房、信号机房、控制室、环控电控室、变电所、UPS 综合电源室等重要电气设备用房。

2.3.2.8 电缆敷设整齐,缆线挂牌便于后期维护,如图 2.33 所示。

图 2.33 桥架内缆线挂牌做法

2.3.2.9 区间照明灯具安装间距应结合管片长度模数,利用滑槽固定,不得另设固定支架,如图 2.34 所示。

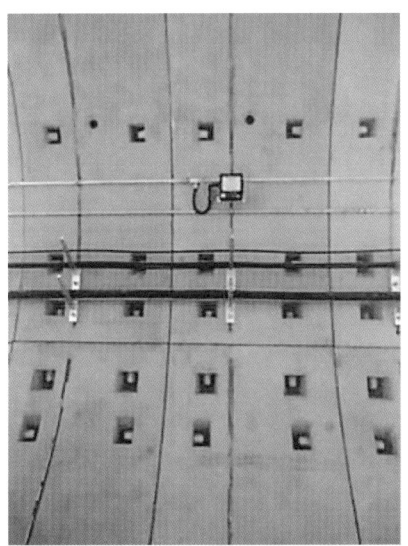

图 2.34 区间照明灯具做法

2.4 强弱电机房装修安装

轨道交通强电、弱电系统是轨道交通的"动力"和"神经中枢"。设备用房机柜布置、缆线敷设、接地与封堵、空调通风布置及灯具设置的设计与施工,应以功能为主导,满足安全、可靠、维护便捷的要求。

2.4.1 装修

2.4.1.1 无吊顶房间墙面涂料颜色以房间内顶部管线底标高以下 200 mm 为分界线。分界线以上颜色跟顶部同。

2.4.1.2 无吊顶房间墙面线槽与墙面箱体同色,如图 2.35 所示。

图 2.35 墙面线槽及箱体颜色示意图

2.4.1.3 无吊顶房间踢脚高度统一按 150 mm 控制。

2.4.1.4 无吊顶房间地面排版图在监理、设计师签字确认后方可实施。

2.4.1.5 设备房间设置挡鼠板时,接地应设置在门框与挡鼠板中间。挡鼠板安装方式如图 2.36 所示。

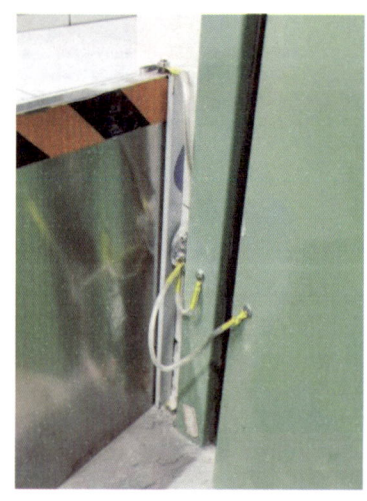

图 2.36 挡鼠板安装方式

2.4.1.6 设备房机柜预留位应采用花纹钢板覆盖,花纹钢板式样如图2.37所示。

图2.37 花纹钢板式样

2.4.2 管线布置及安装

2.4.2.1 环控电控室等设备房间的上部电缆排布整齐。电力电缆与控制电缆分层布置,桥架接地统一由沿桥架布置的扁钢完成。

(1) 环控电控室内电缆排布:做到总体规划BIM先行,缆线敷设应按照先下层后上层、先远后近、先粗后细、纵看成线、横看成片、引出方向一致、弯度一致、余度一致、相互间距一致、吊牌绑扎一致的原则进行。

(2) 缆线颜色:矿物质电缆外保护层颜色宜选用橘黄色,其他缆线选用黑色,做到层色分明无夹花,如图2.38所示。

(a)

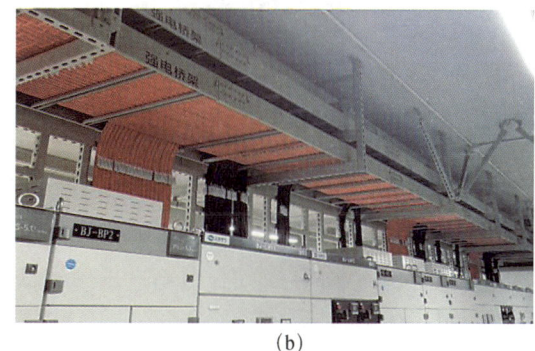
(b)

图2.38 环控电控室上部电缆排布

(3) 柔性矿物质缆线宜用单股型,便于缆线的敷设以及缆线的弯曲半径满足规范要求。单股型与多股型柔性矿物质电缆如图2.39所示。

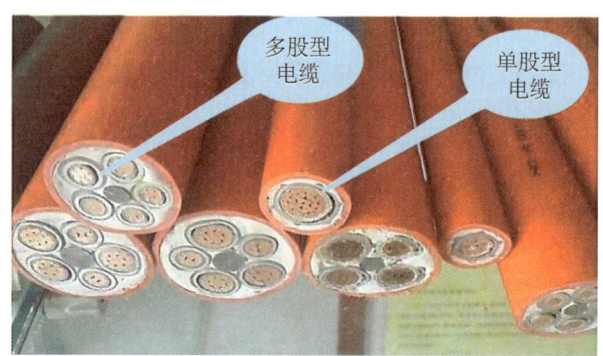

图 2.39 柔性矿物质电缆

2.4.2.2 配电间内配电箱规格尺寸不宜过多,且应按照箱柜尺寸从小到大依次排列,如图 2.40 所示。

图 2.40 配电间布置图

2.4.2.3 配电箱垂直度的允许偏差满足:当箱体高度为 500 mm 以下时,不应大于 1.5 mm;当箱体高度为 500 mm 以上时,不应大于 2 mm;各箱体之间的竖向缝隙紧密均匀,箱门开启平顺。同时保证箱柜底部在同一高度且表面在同一平面,电箱进出缆线线槽应下设,安装线槽表面与箱体表面相平。

2.4.2.4 配电箱内进出线按照规范选择导线颜色,严禁以黄绿双色线作为其他导线使用;箱体有安全可靠的中性线接线排和地线接线排,接线排应经电氧化处理。

(1) 零线、地线排上每个端子压线不应超过两个,配电箱门扇或导管、线槽等金属件应用截面积不小于 4 mm² 的软性多股铜导线与箱内接地铜排直接连接,严禁串联连接。

(2) 配电柜内连接导线、电源进线和负荷出线与电气元件的连接必须紧密牢固,防松件齐全不松动。

(3) 箱内导线连接要精细、排列严密,电气元器件的连接线排列要横平竖直、整齐美观,转角处弯曲半径应不小于导线外径的 6 倍,并将各组连接导线余量绑扎成束。

(4) 箱内开孔穿线处应做好防火封堵,做到封堵严实、表面光滑美观。

(5) 配电箱安装完毕后做到箱内无杂物,保持干净整洁,应清晰标注电气回路用途及回路编号,以便后期维护。

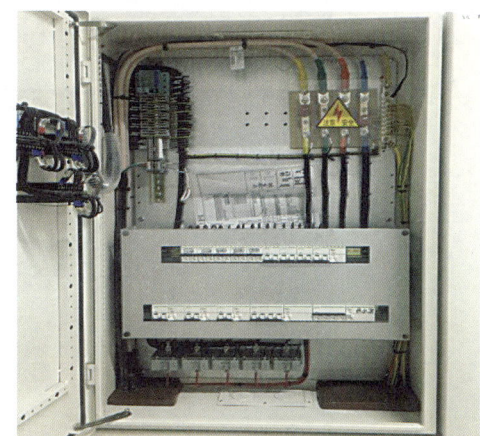

图 2.41 配电箱做法

配电箱做法如图 2.41 所示。

2.4.2.5 强电房间照明、地砖排版及控制箱居中设置,如图 2.42 所示。

2.4.2.6 等电位接地端子箱(LEB)安装在二次结构墙体时应采用嵌入式安装,安装在混凝土墙体时可挂墙安装,现场工况允许的情况下安装位置可调整。

(1) 等电位箱箱内接地铜排应进行镀锌,防止与连接金属导体产生电化学腐蚀。

(2) 结构内预埋件应通过等电位联结导体(镀锌扁钢 40 mm×4 mm)与等电位箱内接地排可靠连接,接触面不小于导体截面积的 2 倍,且采用不少于 2 根 φ8 mm 的镀锌螺栓紧固,防松件应齐全并保证接触面导通性良好,接地支线不应串联连接。

(3) 接地箱应预留房间内所需等电位联结的出线,回路应标识清晰。

(4) 具体做法详见标准图集《等电位联结安装》(15D502)。

等电位箱体做法如图 2.43 所示。

(a)

(b)

图 2.42 强电房间机柜设置与地砖排版做法

(a)   (b)

图 2.43 等电位箱体做法

2.4.2.7 门框、门扇接地时,应提前预埋 Ω 型接地扁铁,将门框与门扇分别接地。接地线应设橡塑管保护,防止接地铜线氧化,并做好接地标识。不允许串接。接地螺栓垫片应采用防滑型,防止松动。门框、门扇接地做法如图2.44所示。

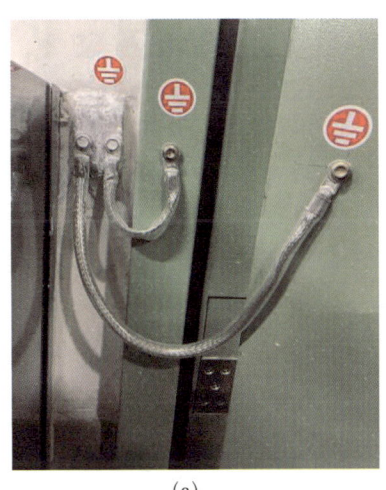
(a)

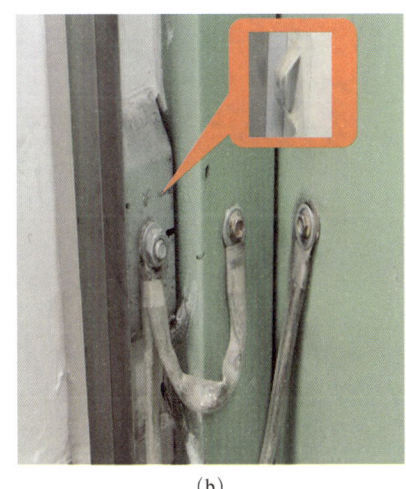
(b)

图 2.44　门框、门扇接地做法

2.4.2.8　设备基础接地：浇筑设备基础时预留接地扁铁，接地连接线不小于接地扁铁的截面积，并做好接地标识，如图2.45所示。

图 2.45　设备接地做法

2.4.2.9　桥架保护接地及跨接接地时，应用黄绿双色多股软性铜芯接地线，严禁串接。桥架保护接地及跨接接地做法分别如图 2.46、图 2.47 所示。

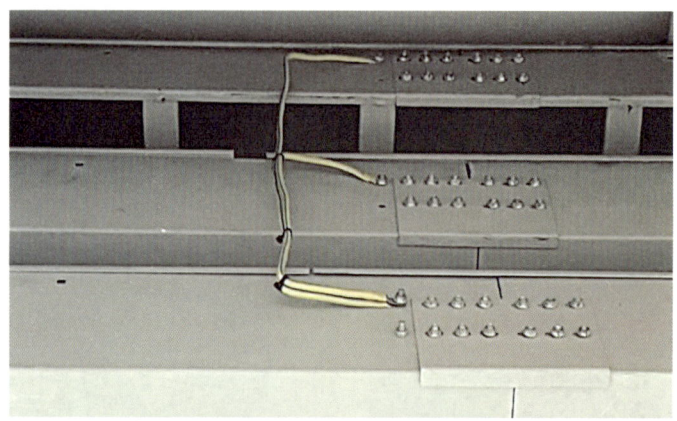

图 2.46　桥架保护接地做法

图 2.47　桥架跨接接地做法

2.4.2.10　电缆间、电缆井等电缆穿越楼板处应做好防火封堵,封堵须密实且表面光滑,同时设置缆井的防水台,高度宜在 150～200 mm 之间选取,全站高度应统一。

(1) 电缆井内缆线过多时需设双排缆架,根据缆井的结构空间可设置成前后排缆架或左右侧缆架。

(2) 当设置成前后缆架形式时,缆架之间的空间宜控制在 200 mm 以上,以便于后期检修等工作。

(3)井内缆架应做好保护接地,且有醒目的接地标志。
(4)布线应顺直、合理、美观,绑扎及吊牌须成排成线。
电缆间及电缆井内部布线如图 2.48 所示。

(a)

 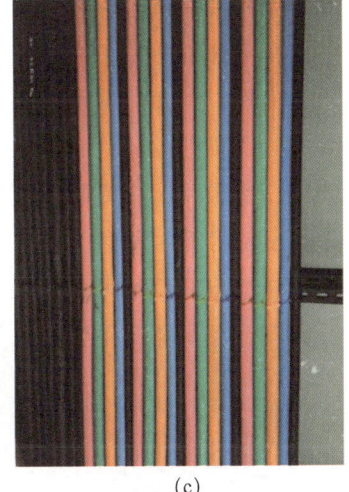

(b)　　　　　　　　　　　(c)

图 2.48　电缆间及电缆井内部布线

2.4.2.11　靠近走廊的设备房间,VRV 室内机应安装于临走廊墙体,采用侧出风方式,安装高度应结合灯具、风管综合考虑。采用暗藏式固定支架,颜色同设备。VRV 室内机侧墙安装应避开设备布置、空调内机旁侧线管包装宜美观,做法如图 2.49 所示。

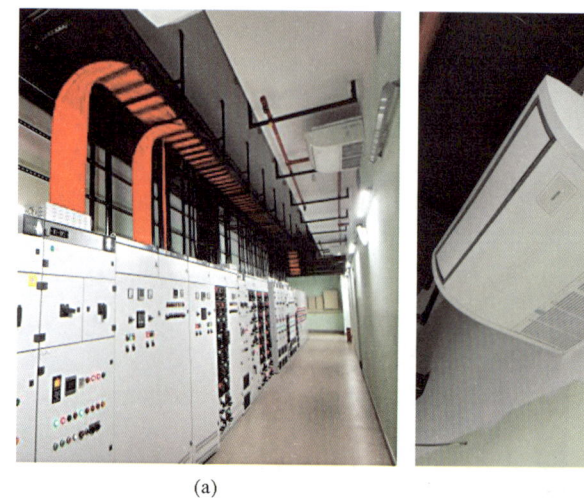

(a)   (b)

图 2.49 设备用房 VRV 室内机做法

2.4.2.12 设备用房风管布置满足以下要求。

（1）在机柜正上方不宜有管线穿越，风口应避开机柜布置。风管宜设置在机房纵向的两侧。整流变压器室房间风管、多联机设备及管线全部不得侵入防护网范围内。

（2）房间内风管宜横平竖直，减少拐弯与交叉，避免遮挡走廊内进房间的桥架进入口。

（3）设备区风管安装如有变径宜设置于次要房间或有吊顶的房间内。设备房间内风管宜同宽，变径采用高度变径形式。设备用房风管同宽布置于房间两侧，如图 2.50 所示。

图 2.50 设备用房风管同宽布置于房间两侧

2.4.2.13 气体保护房间、气瓶间下排风口的布置:下排风口下沿距地坪装饰完成面 300 mm,避免采用下托支架。下排风管托架暗藏式做法如图 2.51 所示。

图 2.51 下排风管托架暗藏式做法

2.4.2.14 送、排风管伸入机房内的管道应尽量短。下排风管尽量贴墙、贴角落,且不应影响过道空间及设备检修空间。门不应正对着下排风管,若无法避免可考虑微调门的位置。下排风管的尺寸需适当控制,避免设置过大。下排风管靠角落安装如图 2.52 所示。

图 2.52 下排风管靠角落安装

2.4.2.15 风管长度1 250 mm、750 mm、1 250 mm、750 mm……依此类推进行加工及拼装,风口设于支架中间,如图2.53所示。

图2.53 风管安装

2.4.2.16 设备用房灯具根据柜子排布及墙体间距居中布置,如图2.54所示。

图2.54 设备用房灯具排布

2.4.2.17 风口宜布置在两侧支吊架的中心位置,灯具在风管的下方布置时,灯具宜避开风口,如图2.55所示。当灯具安装无法避开风口时,灯具与风口的高差应保持在400 mm及以上,或将风口移到风管一侧,同一管道同一房间做法应一致。

(a)

(b)

图 2.55 设备用房灯具避开风口布置

2.4.2.18 设备用房线条支架灯敷设于设备过道中心位置,如图 2.56 所示。

(a)

(b)

图 2.56 线条支架灯做法

2.4.2.19 线槽、灯应与支架在同一垂直面。线槽与支架综合连接做法如图 2.57 所示。

2.4.2.20 电气梯架、槽盒在遇变形缝(包括沉降缝、伸缩缝、抗震缝)时应设置补偿装置。在电缆桥架转角处,应设置可靠的支吊架。

(1) 当弯通的弯曲半径小于 300 mm 时,在距弯通与直线段结合处 300~600 mm 的直线段侧设置一个支吊架。

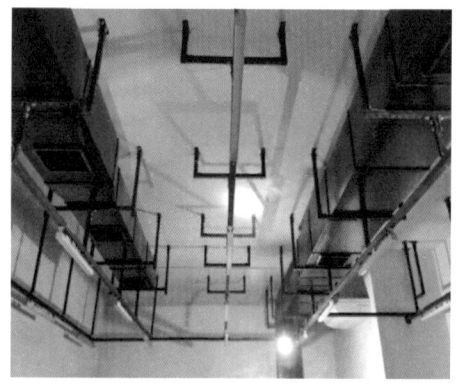

图 2.57　线槽与支架综合连接做法

(2) 在桥架离转弯处 600 mm 范围内设置侧向抗震支吊架。
(3) 应避免支吊架布置在桥架或线槽的连接接口处。
(4) 多层桥架转弯处应做细部处理,端部堵头颜色与支架颜色保持一致。

2.4.2.21 穿墙管线应做套管,气体灭火管道转弯处加装支架,风管末端加防晃支架。气体灭火管道弯头、三通、末端支架设置如图 2.58 所示。

图 2.58　气体灭火管道弯头、三通、末端支架设置

2.4.2.22 环控电控室等上进线设备用房,顶部感烟探测器、感温探测器应根据缆线、桥架进行合理布置,便于运营维护。

2.4.2.23 配电箱、柜封堵时,先切割绝缘板,将进线孔洞封堵,再用防火泥进行封堵,如图2.59所示。

图2.59 配电箱、柜内孔洞的防火封堵

2.4.2.24 为提高安全性,配电柜内应设置绝缘板,如图2.60所示。

图2.60 配电柜内绝缘板的设置

2.4.2.25 配电缆线到设备采用锁母连接软管,并在软接处做跨接处理。配电缆线到风机的锁母连接如图2.61所示。

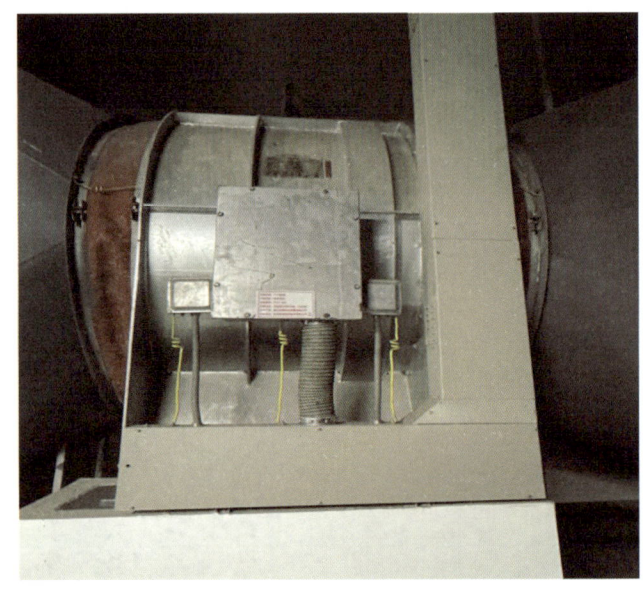

图 2.61　配电缆线到风机的锁母连接

2.5　冷冻机房装修安装

冷冻机房是车站的"冷源中心",冷冻机房的设计与施工要合理规划设备布置、管线敷设和检修维护空间,确保系统安全运行、节能高效、噪声控制,并兼顾管线布置的工业美感。

2.5.1　机房内管道安装前应通过 BIM 对机房进行精细化深化,确保管线布置整洁、有序,并留有设备操作与检修空间,横向管线与纵向管线分别布置在不同标高层,避免同标高翻弯避让。

2.5.2　冷冻机房及环控机房全程 BIM 指导施工,从二次结构穿墙洞口预留到管道综合支架制作安装、风管制作安装、设备安装、管道保温及防火板外包覆施工,合理地组织施工工序,尽可能避免交叉作业,合理布置管道,节约机房空间。机房内管线先 BIM 深化再施工,如图 2.62 所示。

2.5.3　施工前应综合考虑各种影响因素,尽可能地把施工过程和后续维护保养过程中可能出现的问题在深化设计阶段加以解决,例如:管道及设备安装、维护保养的操作空间,防火板外包覆施工工艺及相关支架的制作安装,穿墙洞口的封堵及防火封堵的施工等。

2.5.4　冷冻机房内上部水管宜采用型钢进行吊装,如图 2.63 所示。

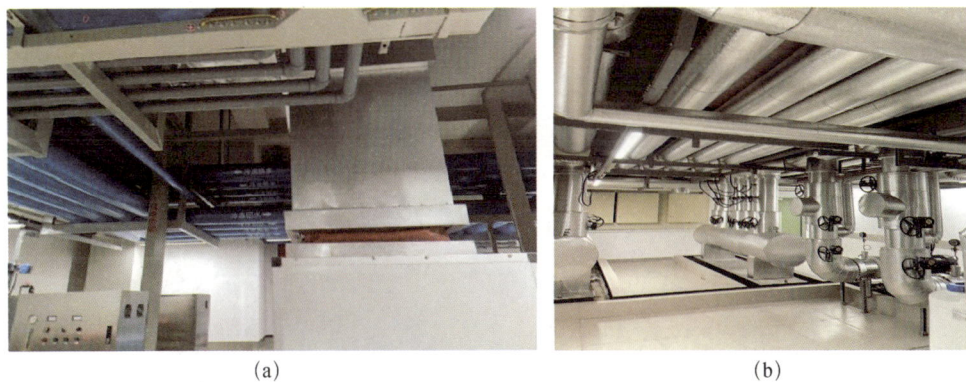

(a) (b)

图 2.62 机房内管线先 BIM 深化再施工

图 2.63 冷冻机房上部水管做法

2.5.5 供回水管管道在贴标识时建议注明供水去向,方便调试及维护,如图 2.64 所示。

2.5.6 冷水机组、落地安装的空调箱等设备,设备基础四周设置限位器,如图 2.65 所示,防止设备运行期间固定螺栓松动,导致设备位移,发生质量事故。

图 2.64　各类管道及流向标识清晰

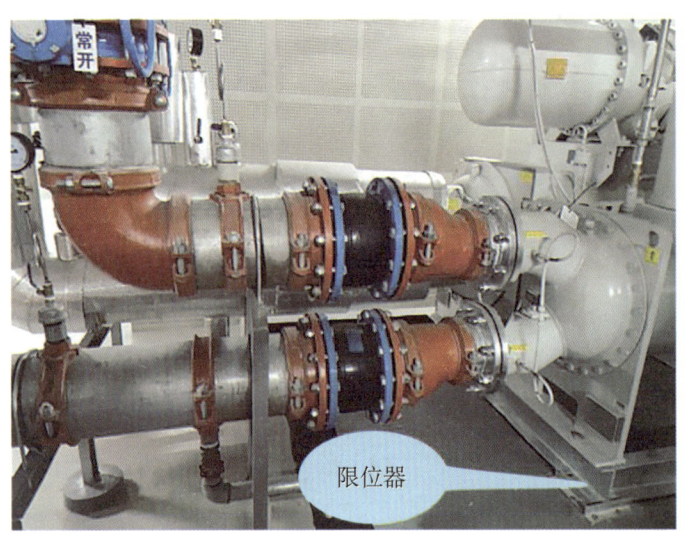

图 2.65　冷冻机房设备基础四周设置限位器

2.5.7　水泵进水口软接安装限位装置,提高设备运行稳定性,避免水锤效应等的冲击。机房设备缆线连接时选用的金属软管型号应与缆线匹配,颜色同桥架,并做好防水弯,防止管道有漏水时水沿软管流进设备接线装置内,造成短路或漏电。设备接地应接于设备本体上,严禁利用金属软管作为接地体。水泵进出口软接安装限位装置如图 2.66 所示。

图 2.66 水泵进出口软接安装限位装置

2.5.8 冷冻机房、环控机房内设备基础适当规整、合并,避免零碎布置,如图 2.67 所示。

图 2.67 设备基础规整、合并做法

2.5.9 机房内冷冻水管路上部件的保温做法如图 2.68 所示,Y 型过滤器的保温做成可拆卸式,便于清污。

(a) Y 型过滤器可拆卸式保温做法　　(b) 冷冻水管路阀门保温

(c) 管道上压力表、温度计的保温　　(d) 空调箱冷凝水管的保温

图 2.68　冷冻水管路上部件保温做法

2.5.10　冷冻水泵的蜗壳应做保温,如图 2.69 所示。

2.5.11　保温管道连同隔热垫块一起进行包裹(图 2.70),防止出现根部隔热垫块裸露,影响整体美观的现象。

图 2.69　冷冻水泵蜗壳保温做法

图 2.70　保温管道隔热垫块的包裹

2.5.12　冷水机组泄压阀的安装:管径和承压应满足设计要求,冷媒泄压管道应接至排风道对外消声器处,管道出口不应被消声器管片及封堵板遮挡;安全阀后泄压管道上严禁设置任何阀门;接管的末端不得被封堵,并宜挂牌注明"泄压管管口严禁封堵"。冷水机组泄压管做法如图 2.71 所示。

图 2.71　冷水机组泄压管做法

2.5.13　集水器、分水器及支架分布均匀,阀门安装高度一致,传感器安装高度一致,如图 2.72 所示。

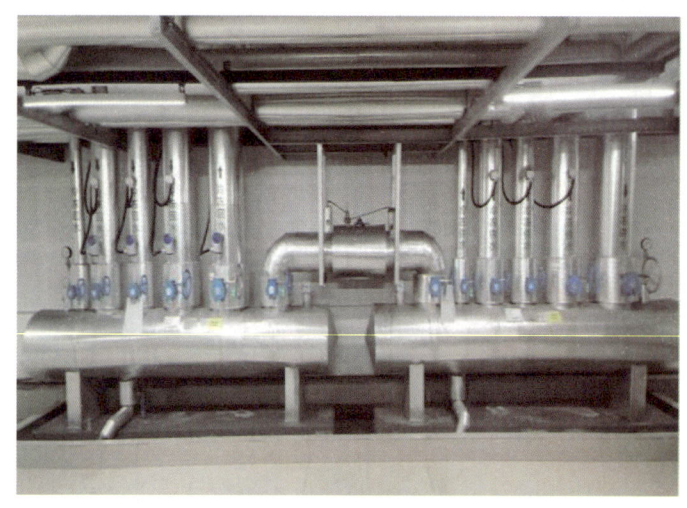

图 2.72　集水器、分水器做法

2.5.14　冷冻机房、环控机房内水系统管路应在系统最高处及局部上翻可能积聚空气的管段高点设置自动排气阀,在管路最低点、上下拐弯及立管底部设置泄水阀，如图 2.73 所示。

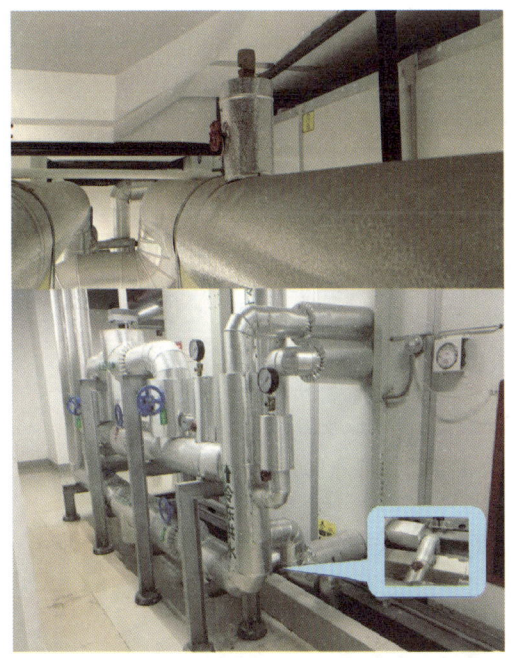

图 2.73 排气阀、泄水阀做法

2.5.15 机房内垂直穿越楼板的水管，应设置套管，套管应高出地坪装饰完成面 50 mm，套管应做防火封堵、防水处理，须表面光滑，并做好保护接地和接地标识。水管穿楼板做法如图 2.74 所示。

2.5.16 冷冻机房墙面安装配电箱等时，应充分考虑消声贴面安装空间，且与消声贴面齐平明装，避免出现半明半暗情况。冷冻机房消声贴面处配电箱做法如图 2.75 所示。

2.5.17 机房内落地安装的管线支架宜做成水泥墩支撑，如图 2.76 所示。

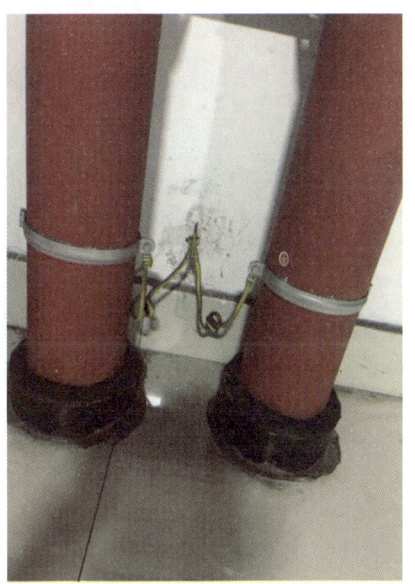

图 2.74 水管穿楼板做法

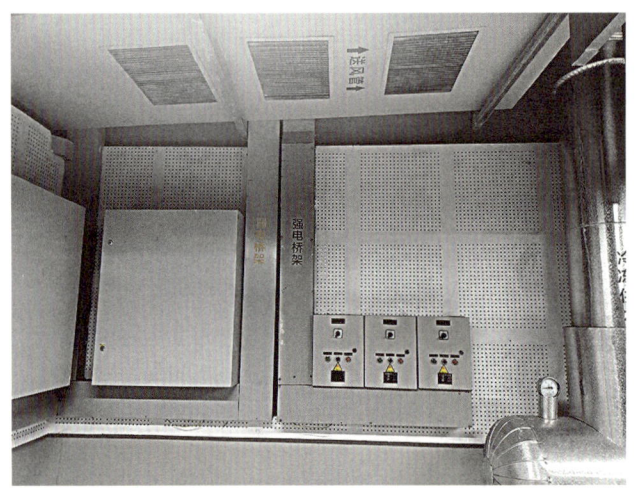

图 2.75 冷冻机房消声贴面处配电箱做法

图 2.76 落地管线支架做法

2.5.18 冷冻机房内冷冻水管、冷却水管等不同管线色彩选择应差异化,避免出现同色系难以区分的情形,也避免使用冲突色。

2.6 环控机房及风道的装修安装

环控机房及风道作为车站的"呼吸系统",为地下空间提供通风换气和环境温度控制。环控机房及风道的设计与施工应在满足各类规范的基础上,力争降低系统能耗,控制系统运行噪声与振动对地下空间的影响,并通过通风井达标排放。

2.6.1 装修

2.6.1.1 风道内密闭门应严格按照建筑图安装。

2.6.1.2 风道内集水坑采用穿孔花纹盖板,不设栏杆。盖板须设置排水孔,确保风道内排水顺畅。

2.6.1.3 设备吊装孔盖板应以槽钢加固,如图 2.77 所示。

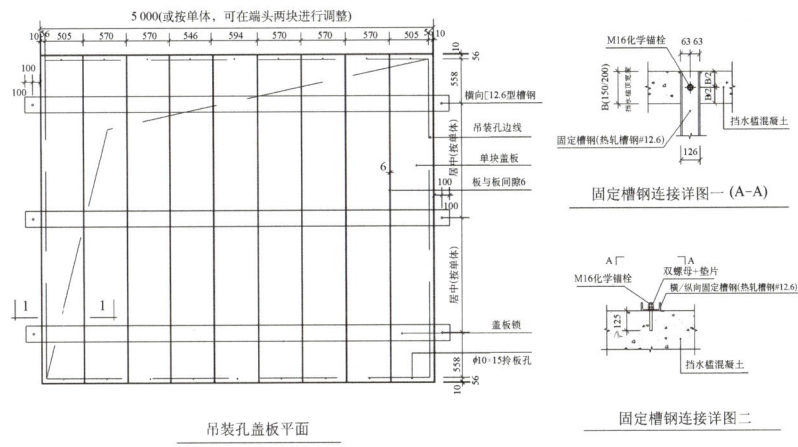

(a) 设计图

(b) 现场照片

图 2.77 设备吊装孔盖板槽钢加固做法

2.6.2 管线与设备布置及安装

2.6.2.1 风管立管、水管穿楼板安装,楼板处应设置挡水坎,风管包覆防火板,防火板外侧涂料及挡水坎踢脚线的安装与设备房一致;风管立管上安装的防火阀,与挡水坎间距不大于 200 mm,执行器位置便于操作。管道系统的标识字体和字号、箭头大小及中心线标高须统一。风管竖向安装处理如图 2.78 所示。

图 2.78　风管竖向安装处理

2.6.2.2 角钢法兰风管安装,风管采用螺栓连接,螺栓孔间距小于 100 mm,螺栓方向一致,预留丝扣数量一致。风管长边大于 800 mm 时,做内支撑加固。

2.6.2.3 风管弯头处应按施工验收规范要求设置导流片。

2.6.2.4 风阀的安装应满足以下要求。

(1) 防火阀的安装方向、位置要正确,防火分区隔墙两侧的防火阀,距离墙表面不应大于 200 mm;防火阀应设置独立支吊架,同一处有多个防火阀时,离墙距离应统一;执行机构侧离风管或墙体之间安装距离不小于 300 mm,须保持应有的检修空间。防火阀的安装支架设置如图 2.79 所示。

(2) 当防火阀离顶板距离较近时,采用 8~10 英寸(1 英寸=25.4 mm)的通丝杆作为支吊架;当防火阀离顶板距离大于 600 mm 时,采用综合支吊架拼装成反 T 型作为主吊架来缩短通丝杆,长度控制在 150~200 mm,起到对防火阀的稳固作用也兼具美观性。防火阀的安装支架固定如图 2.80 所示。

① 在同一处出现多个多层风阀时,根据现场情况,T 型支架改换成"双

T型支架",并考虑执行机构的转动操作空间。多层风阀的安装如图 2.81 所示。

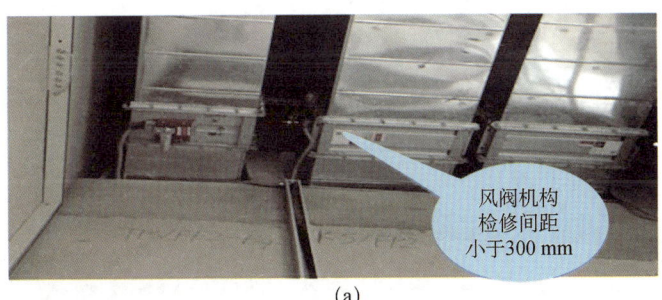

(a)

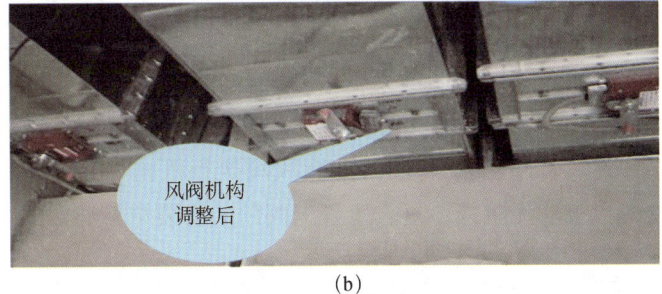

(b)

图 2.79　防火阀的安装支架设置

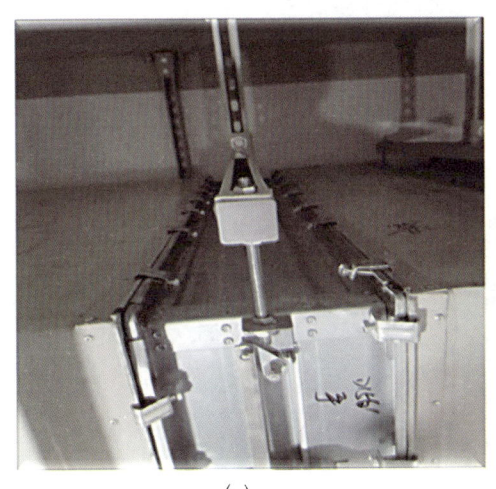
(a)

(b)

图 2.80　防火阀的安装支架固定

② 风管下方有防火阀时通丝杆同样借用综合支架来吊装,电气控制缆线应隐蔽于 C 型钢内。风管与风阀叠层的安装如图 2.82 所示。

图 2.81　多层风阀的安装　　　　图 2.82　风管与风阀叠层的安装

（3）复合风管上阀门的安装：风阀安装在复合风管段时，风阀保温外侧采用 0.6 mm 厚度的铝薄板进行包裹，包裹宜平整美观，铝薄板外涂与风管同色涂料；同时注意风阀执行机构外露在铝薄板外侧，需灵活机动无阻挡。复合风管上阀门的安装与保温如图 2.83 所示。

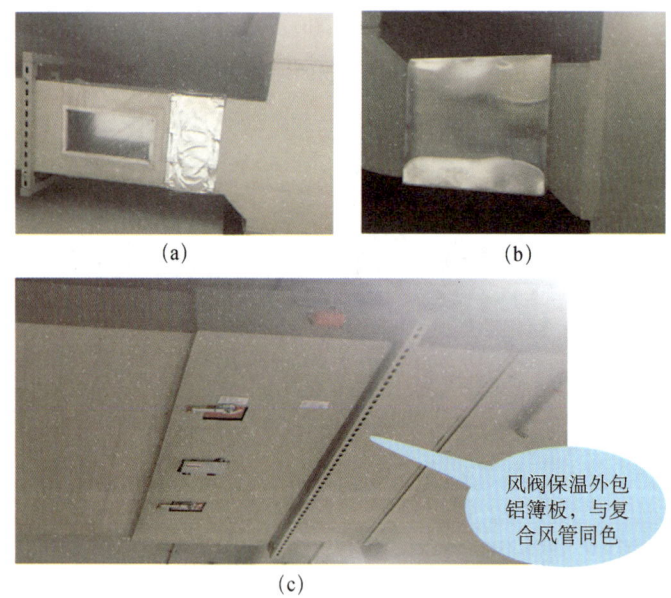

图 2.83　复合风管上阀门的安装与保温

（4）穿越防火分区、防火隔墙、楼板处防火阀的安装：防火阀两侧 2 m 范围包裹与防火墙同一防火等级的防火板,为保证防火阀与风管包裹防火板的整体性及美观性,防火阀与风管同时包裹防火板。防火阀包裹防火板在执行机构处应留足检修及机动空间,同时做好风阀机构面的铝薄板封面处理,还须确保防火板表面与防火阀之间侧面包裹的密封性,防止在火灾时出现窜烟、窜火现象。防火阀的安装与包覆如图2.84所示。

图2.84 防火阀的安装与包覆(1)

(5) 防火阀包裹防火板及铝薄板时,电气导管宜靠近风阀及风管敷设,避免导管导线外露。装饰面表面整洁无零星电气导管缆线,同时注意导管不能敷设在风阀的机动区域,防止对风阀的转动部件及电气导管产生损害,如图2.85所示。

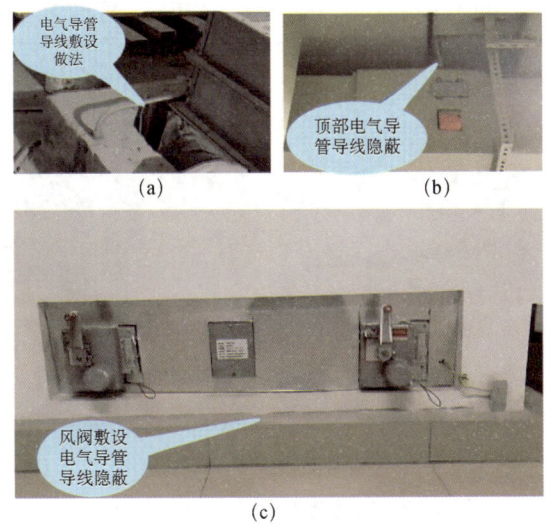

图2.85 防火阀的安装与包覆(2)

2.6.2.5 风管保温层的保温钉精细化施工,排布宜整齐美观,如图2.86所示。

图2.86 风管保温层的保温钉精细化施工

2.6.2.6 空调箱进出口应与管道采用软接进行连接,软接处确保自由伸缩空间,如图2.87所示。

(a) (b)

图2.87 空调箱进出口接管的保温做法

2.6.2.7 空调箱接管侧水管的安装不应影响检修门的开启,如图2.88所示。机房空间条件具备时,冷冻水管宜设置在空调机组检修门侧的背面。

(a)冷冻水管与检修门留有检修距离　　(b)冷冻水管高位水平布置

图 2.88　空调箱接管做法

2.6.2.8　建筑布局时,机房内柱网、墙体以及其他设备管线布置不应影响空调机组检修门的开启。

2.6.2.9　与排烟口位于同一防烟分区的补风口,应设置在室内净高 1/2 以下,且与排烟口水平距离不应小于 10 m。补风口做法如图 2.89 所示。

图 2.89　补风口做法

2.6.2.10 隧道通风机(TVF 风机)的安装满足以下要求。

(1) 天圆地方的制作长度不宜小于 2 m,且不能随意改变渐扩角度。天圆地方安装时,在风机端宜设门型支撑对天圆地方托起,以增加稳固性。

(2) TVF 风机的电源线利用符合防火等级的防火桥架敷设,桥架制作安装于风机接线盒下方,再利用相配套管径金属软管接至接线盒,有利于防止出现溅水流入接线盒内的情况。

(3) 天圆地方应留有不小于 600 mm×600 mm 的检修人孔,检修人孔应利用不锈钢成套螺栓固定,以便于后期拆卸检修。

TVF 风机的安装如图 2.90 所示。

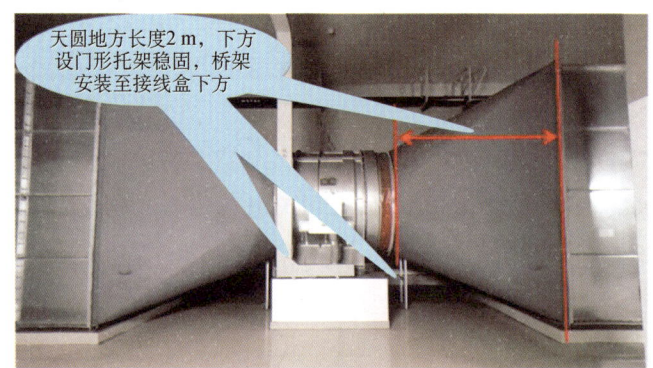

图 2.90 TVF 风机的安装

2.6.2.11 风管接风道处宜顺气流方向接入,如图 2.91 所示。

图 2.91 风管顺气流方向接入风道

2.6.2.12 所有送、排风管口部接入风道处设置防护网罩,如图2.92所示。

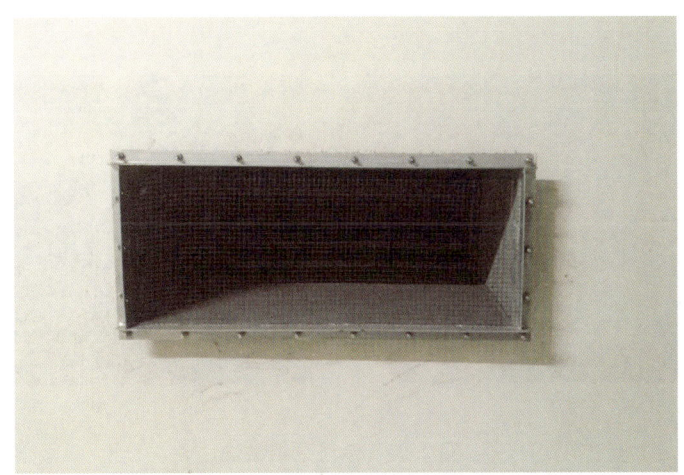

图2.92 风管口部安装防护网罩

2.6.2.13 风道内消声器上方空隙应进行封堵,如图2.93所示。

图2.93 风道内消声器上方空隙的封堵

2.7 消防泵房及气瓶间装修安装

消防泵房、气瓶间是消防系统的"心脏",其设计、施工尤为重要,在严格按照相关规范、标准执行的同时,还应合理布局、规范安装。

2.7.1 消防泵房

2.7.1.1 消防泵房内布置应整齐划一,阀门、压力表、橡胶接头安装成一条直线,安装标高一致,从而保证整体美观,便于操作、观察。消防泵组做法如图 2.94 所示。

(a)

(b)

图 2.94 消防泵组做法

2.7.1.2 消防泵进水管变径安装时应采用偏心异径管,管顶平接,如图 2.95 所示。

图 2.95 消防泵进水管变径做法

2.7.1.3 消防泵进水管上压力表选用压力真空表,压力真空表安装做法如图 2.96 所示。

2.7.1.4 消防泵压力表前安装三通旋塞阀、缓冲管和球阀,如图 2.97 所示。

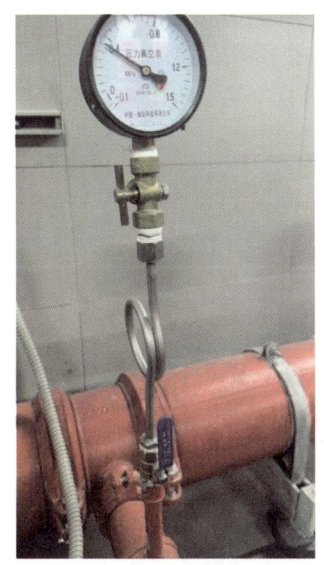 

图 2.96　压力真空表安装做法　　图 2.97　压力表安装做法

2.7.1.5　消防水管卡箍件安装时应注意卡箍件螺栓的方向,所有螺栓应安装在人员视角面,螺帽安装在人员视角的背面,如图 2.98 所示。

图 2.98　消防水管卡箍件螺栓做法

2.7.1.6　阀门与法兰一起安装时,要保证与之连接的两个法兰端面与阀门法兰平行且同轴线。尤其要注意安装铸铁等材质较脆的阀门时,更应避免因安装位置不正确和受力不均匀造成阀门损坏。拧紧法兰螺栓时,应采用对称或十字交叉的方法,分几次逐渐拧紧。螺栓、螺母紧固后,螺栓头应从螺母中露出 2~3 螺距为宜。为防止震动造成松动,弹垫、平垫应齐全,螺栓长度和方向须统一。消防水管法兰安装如图 2.99 所示。

图 2.99　消防水管法兰安装

2.7.1.7　消防泵试水管道接至排水沟,试水管末端安装 45°弯头,减轻水的冲击力,防止排水时溅出沟外。试水管末端安装如图 2.100 所示。

图 2.100　试水管末端安装

2.7.1.8 设置在车站主体内的消防泵房,除在排水沟内设置地漏外,沟外也应设置地漏。

2.7.1.9 有条件的消防泵房在消防泵组四周均应设巡检通道,如图 2.101 所示。

图 2.101 四周巡检通道图

2.7.1.10 水喷淋水力警铃应设在消防泵房外走廊墙体上,如图 2.102 所示。

图 2.102 水力警铃安装图

2.7.1.11 消防泵房内上部水管应采用型钢进行吊装。

2.7.1.12　消防泵接地应接在电机本体上。

2.7.1.13　消防泵控制柜应成排安装,安装前先做好消防柜基础,高度宜控制在150～200 mm之间,基础应做成凹型,如图2.103所示。

图2.103　成排布置的消防泵控制柜及凹型基础

2.7.1.14　动力电缆的敷设宜利用闭式桥架敷设,桥架应垂直安装在成排消防柜侧面。桥架与凹型基础留有相应大小连通口,电缆可通过凹型槽敷设至消防柜下进线口进入消防柜,确保消防泵房内如遇溅水情况不会漏水至消防柜内,同时消防柜也可以有效隔离,避免电缆在两柜之间横向穿越。消防泵控制柜基础俯视图如图2.104所示。

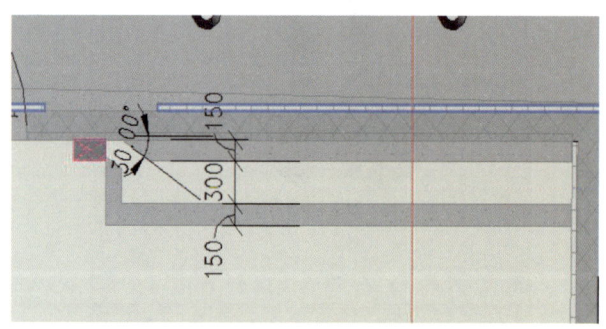

图2.104　消防泵控制柜基础俯视图(单位:mm)

2.7.2　气瓶间

气瓶间内气瓶、阀门、管道排布均匀对称,气体流向标识清晰,如图2.105所示。

图 2.105　气瓶间安装图

2.7.3　其他

2.7.3.1　水平安装的防护闸阀的开关手轮须处于上半周范围内(垂直向上或向上45°为宜),如图 2.106 所示。

2.7.3.2　区间废水泵房闸阀阀杆沿侧墙方向安装,避免占用联络通道的疏散宽度。区间废水泵闸阀安装如图 2.107 所示。

图 2.106　防护闸阀安装

图 2.107　区间废水泵闸阀安装

3 公共区

地铁公共区是地面环境空间的延伸、继续与发展,是乘客日常乘用地铁的核心体验区域。公共区的装修安装,应综合协调好各系统功能要求,将机电管线、支吊架、终端融入车站装修风格,做到设计整体化、施工标准化、工艺艺术化。

3.1 建筑

建筑设计以安全、实用、经济、美观为原则,突出交通性建筑特色,满足使用功能,确保消防安全,方便乘客集散和运维管理。在公共区建筑设计与施工中,除满足规范要求外,应特别注意以下事项。

3.1.1 车控室观察窗底标高按距地坪装饰完成面 1 050 mm 控制,内外高度一致。甲级防火观察窗应采用具有相关消防检测报告证书及 CCCF 证书的成品整块防火窗,尺寸为 3 000 mm×1 500 mm,条件受限时可采用 2 400 mm×1 500 mm 尺寸防火窗。

3.1.2 特级防火卷帘两道帘根部空腔应用防火包或其他防火材料填实,确保整体防火性能达标。防火卷帘做法如图 3.1 所示。

图 3.1 防火卷帘做法

3.1.3 楼梯洞口防尘坎尺寸要求为高度 150 mm、宽度 150 mm,各面宜统一,隔离栏杆居中布置(图 3.2)。当防尘坎受楼梯铝板饰面厚度影响导致总宽度超过 150 mm 时,栏杆在防尘坎上的安装位置靠近公共区一侧宽度不应超过 100 mm,避免形成可踏面。

图 3.2　楼梯洞口防尘坎做法

3.1.4 出入口通道应注意结构是否有斜面,以及斜面与面层、套管间的关系,管线均应隐藏在面层后。

3.1.5 消防楼梯间内特别是与出入口直接合建的消防楼梯间内,不宜有桥架等经过。无法避让确需经过的,应用满足耐火标准的隔墙或防火板进行封闭。

3.1.6 公共区采用 φ20 mm 弧形石材踢脚,可见高度为 110 mm。若离壁沟外侧渗水,应在踢脚下设暗沟,暗沟内积水应排至出入口横截沟,不得与离壁沟连通。

3.1.7 离壁沟应从两落水孔中间高向两侧底部圆弧形找坡并做防水。验收前应完成清沟,如图 3.3 所示。

(a)　　　　　　　　　　　(b)

图 3.3　离壁沟做法

3.1.8 公共区顶部排水管应注意避免渗漏,顶部排水管做法如图 3.4 所示。

图 3.4　顶部排水管做法

3.1.9 所有防火门不应脱离实心墙体设置,应与外侧铝板拉平,并在门框四周补充宽度不小于 150 mm 的钢混门框,长度自防火隔墙做至防火门外边,确保防火体系完整无缝隙。

3.1.10 开向公共区的防火门所有闭门器应内装,不应设置在靠公共区一侧。

3.1.11 楼扶梯处的挡烟垂壁,应做至结构墙体边并以防火材料封堵密实,不应在铝板后留有缝隙。

3.1.12 公共区楼梯净宽度(一侧设扶手时按扶手中心线至装修完成面计算,两侧设扶手时按扶手中心线之间的宽度计算)应与消防报审施工图相符,若宽度与施工图要求不一致的,应及时与建筑师联系。

3.1.13 公共区楼梯踏步高度每一级应保持一致。

3.1.14 自动扶梯下口不锈钢底板应用防火板全部包覆,并以与顶面同色涂料粉刷,视觉上与顶部一致。扶梯下口包覆及粉刷做法如图 3.5 所示。

3.1.15 安检机插座及通信点位在靠墙侧及靠楼扶梯侧应各设一套,以备现场按实际需求布置。

图 3.5 扶梯下口包覆及粉刷做法

3.2 装修

公共区的装修设计与施工应满足功能使用要求,对顶地墙及管线进行整体设计,各终端均由装修设计师统筹布置,贯彻总体装饰风格,并体现城市文化特色。

3.2.1 上海轨道交通 18 号线一期公共区色彩分区如表 3.1 所列。

表 3.1 公共区色彩分区表

站名	墙面	立柱	风管支架	顶板
航头站	□	蓝	灰	灰
下沙站	绿	绿	灰	灰
鹤涛路站	浅绿	浅绿	橙黄蓝	灰
沈梅路站	橙	橙	□	□
繁荣路站	□	紫	灰	灰
周浦站	灰	灰	橙黄蓝	灰
康桥站	□	黄绿	灰	灰

(续表)

站名	墙面	立柱	风管支架	顶板
御桥站				
莲溪路站				
北中路站				
芳芯路站				
龙阳路站				
迎春路站				
杨高中路站				
民生路站				
昌邑路站				
丹阳路站				
平凉路站				
江浦公园站				
江浦路站				
抚顺路站				
国权路站				
复旦大学站				
上海财经大学站				
殷高路站				
长江南路站				

3.2.2 公共区墙面采用竖向整块铝板密拼，装饰墙板顶边应高出顶部管线底至少

200 mm。公共区墙面如图 3.6 所示。

图 3.6 公共区墙面装饰板效果示意

3.2.3 设置在公共区墙面上的设备箱体及柜体,除明确要求明装外,均应在墙面装饰板内暗装并设装饰暗门。公共区墙面设备箱装饰暗门做法如图 3.7 所示。

(a) 现场照片

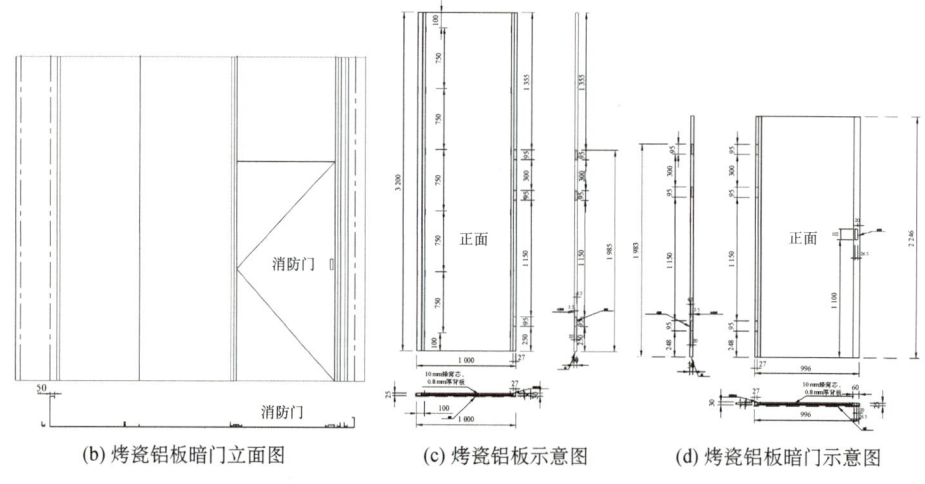

(b) 烤瓷铝板暗门立面图　　(c) 烤瓷铝板示意图　　(d) 烤瓷铝板暗门示意图

图 3.7　公共区墙面设备箱装饰暗门做法(单位:mm)

3.2.4　公共区墙面清洗栓箱、电梯控制箱应暗装且开小暗门。清洗栓箱、电梯控制箱暗门的颜色和材质应同墙面,如图 3.8 所示。

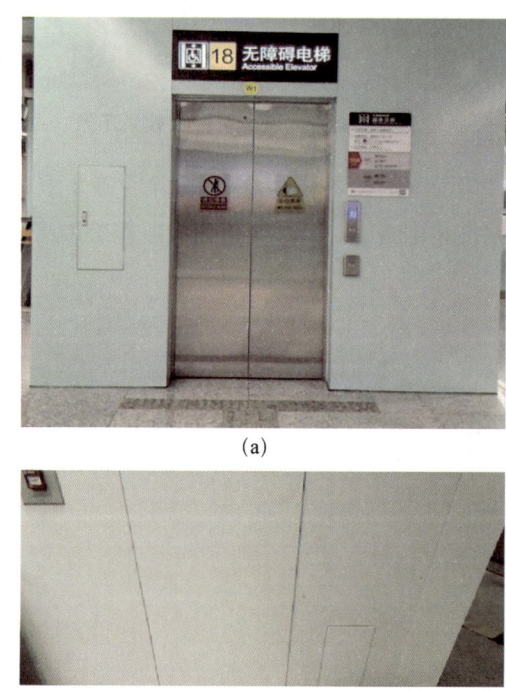

(a)

(b)

图 3.8　箱门暗装做法

3.2.5 公共区墙面疏散指示灯、电源插座及信息插座下边缘距地坪装饰完成面350 mm对齐,并在铝板模数居中对齐安装,如图3.9所示。

图3.9 对齐做法示意

3.2.6 当公共区墙面有多个明装箱体设备时,应保证设备底标高一致,铝板模数居中安装。墙面明装箱体对齐做法如图3.10所示。

(a)

(b)

图3.10 墙面明装箱体对齐做法示意

3.2.7 站台端头处墙面装饰铝板顶边应与站台门上端铝板顶边齐平,如图3.11所示。

图 3.11　站台端头铝板做法(1)

3.2.8　站台端头处墙面装饰铝板应与站台门上端铝板前后齐平,如图 3.12 所示。

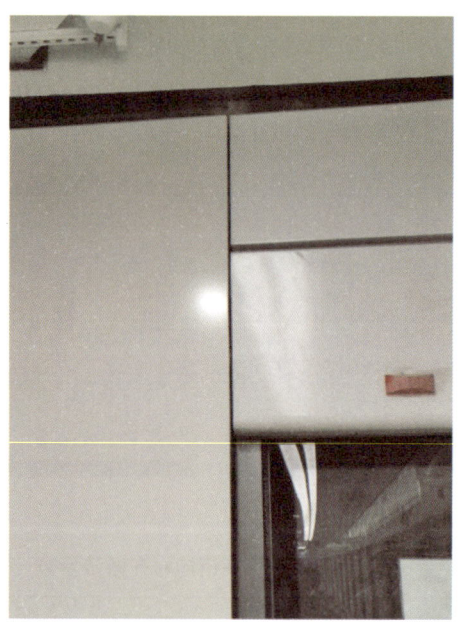

图 3.12　站台端头铝板做法(2)

3.2.9　公共区墙面龙骨应采用螺栓连接,不可直接焊接。安装时应先放方形平垫圈再放弹簧垫圈。离壁墙龙骨做法如图 3.13 所示。

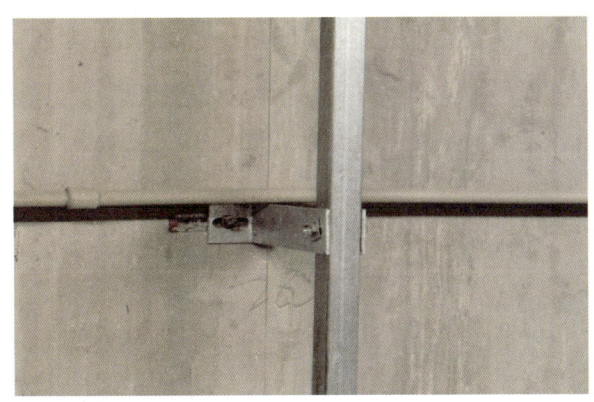

图 3.13　离壁墙龙骨做法

3.2.10　当局部穿墙管线低于公共区墙面装饰板时,应由设计师统一考虑管线穿装饰板的开口方式后下单加工,铝板开口处应在工厂预先折边收口。不可在现场随意对铝板切割、挖孔。装饰板管线做法如图 3.14 所示。

3.2.11　墙面装饰板若有局部穿圆管,穿管处应设收头部件,如图 3.15 所示。

图 3.14　装饰板管线做法

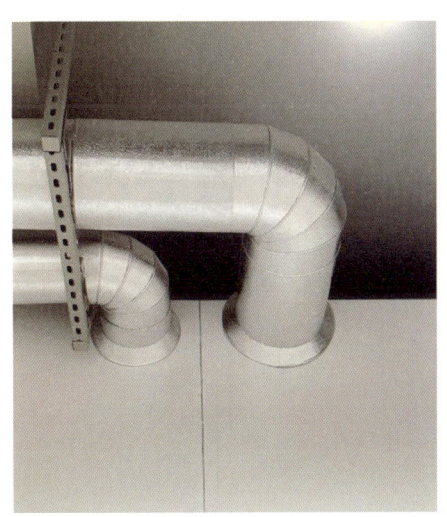

图 3.15　装饰板穿管收头做法

3.2.12　当公共区墙面装饰铝板局部遮挡墙面风口时,宜在风口遮挡处的装饰板上设置装饰百叶,装饰百叶应满足风口风量的透空要求。装饰百叶与墙面装饰板同色并做平,如图 3.16 所示。

73

图 3.16　墙面风口外装饰百叶做法

3.2.13　站内楼扶梯墙面的装饰铝板应与楼扶梯顶部装饰铝板纵向、横向对缝,如图 3.17 所示。

(a) 现场照片

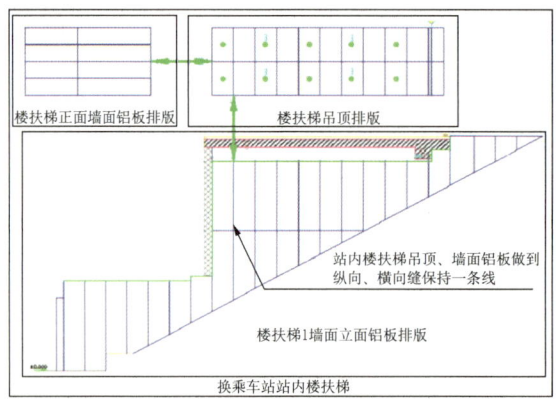

(b) 设计图

图 3.17　站内楼扶梯墙面纵横对缝做法

3.2.14 站内楼梯洞口玻璃栏杆立柱应与铝板对缝,施工前应考虑预埋件及其排版尺寸。站内楼梯洞口栏杆立柱铝板对缝做法如图3.18所示。

(a) 现场照片

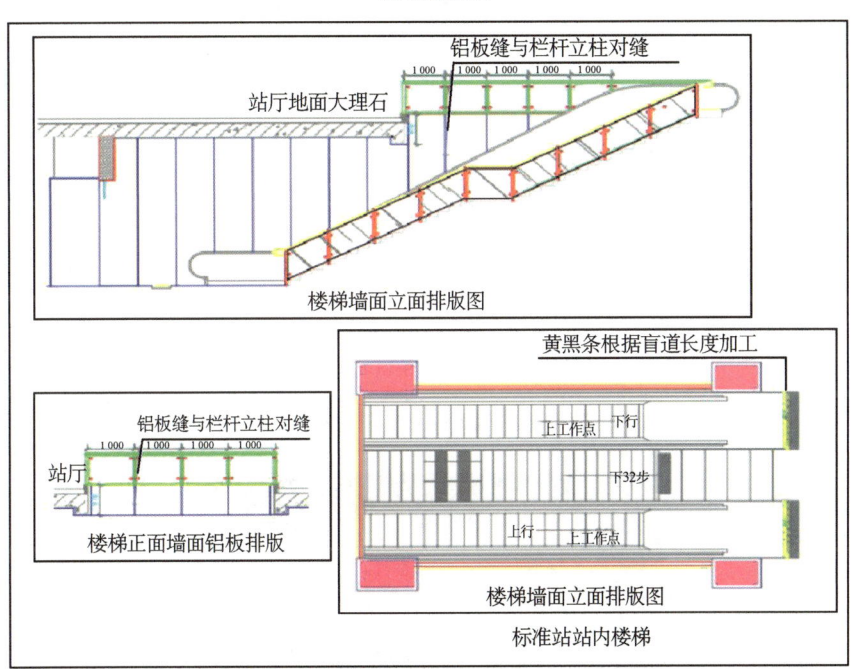

(b) 设计图(单位:mm)

图3.18 标准站站内楼梯栏杆立柱铝板对缝做法

3.2.15 墙面装饰板阳角折边应大于或等于150 mm,不应在阳角处拼缝。墙面阳角翻边铝板应与门楣顶面铝板翻边保持对缝,如图3.19所示。

(a) 现场照片

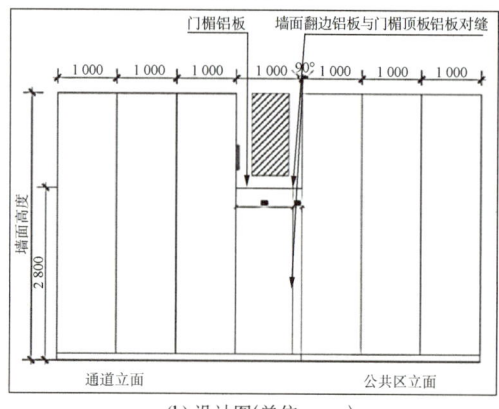

(b) 设计图(单位：mm)

图 3.19　墙面阳角翻边铝板做法

3.2.16　公共区自动扶梯不锈钢板斜缝与墙面铝板直缝应对齐，如图 3.20 所示。

图 3.20　扶梯钢板对缝做法

3.2.17 公共区立柱装饰板顶边到结构梁底留 50 mm 安装缝隙,注意立柱装饰板龙骨高度,避免露头。由安装缝隙接入立柱装饰板内的管线,硬管应延伸至立柱装饰面内 200 mm。立柱装饰板顶边进管做法如图 3.21 所示。

(a)

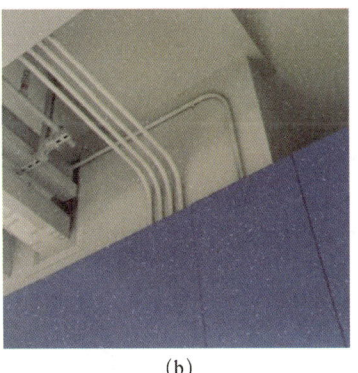
(b)

图 3.21　立柱顶边进管做法

3.2.18 立柱装饰板上嵌入安装的设备、插座、疏散灯等应居中对齐布置。电源插座、信息插座、疏散灯底部对齐,距地坪装饰完成面 350 mm。立柱设施嵌装做法如图 3.22 所示。

图 3.22　立柱设施嵌装做法

3.2.19 铝板和石材交接处控制缝隙宽度应小于或等于 5 mm,打胶收口,如图 3.23 所示。

图 3.23 板材接缝做法

3.2.20 出入口通道墙面装饰面在外联通管路处应留检修暗门,检修暗门做法如图 3.24 所示。

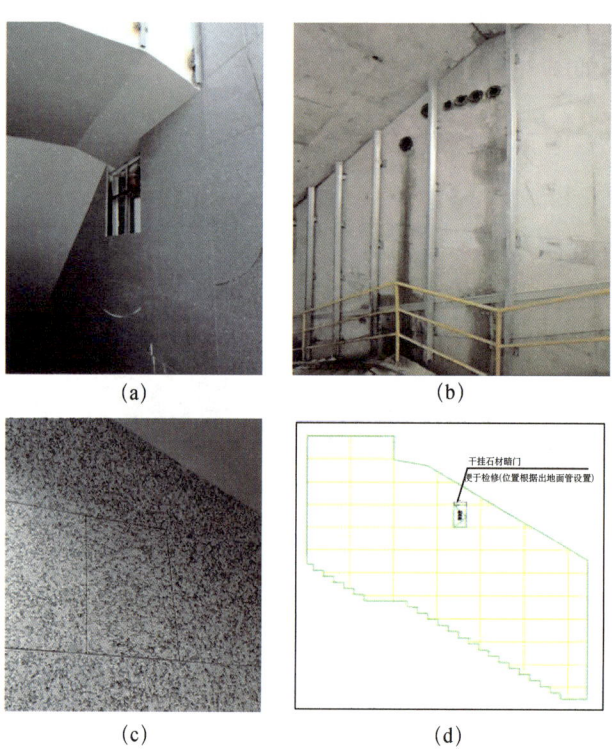

图 3.24 出入口墙面外管暗门做法

3.2.21 疏散指示灯在转角处按横向距离不大于1 m安装在装饰面中,两角距离统一。转角处疏散指示做法如图3.25所示。

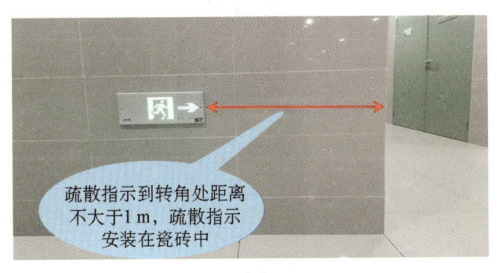
(a)

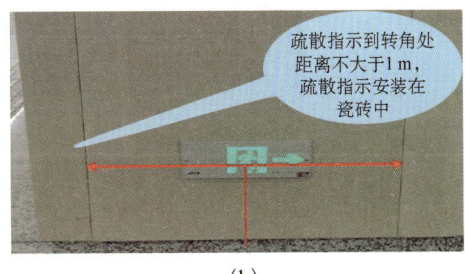
(b)

(c)

图3.25 转角处疏散指示做法

3.2.22 公共区地面采用600 mm×600 mm花岗岩,应整层下单,避免色差。
(1) 应确保整层石材原材料加工出自同一矿源,保证石材颜色、纹路的一致性。
(2) 石材出厂时应做好六面防护处理。对于现场切割的石材,应对切面及时进行防护处理。
(3) 在铺设前应对石材进行分拣,同一区域挑选花色、颜色一致的石材,避免出现明显的色差。
(4) 在铺设前应拉设十字线并弹出横纵相互垂直线,确保准确性。石材铺贴应平整牢固,接缝平直,无歪斜,无污迹和浆痕,表面洁净,颜色协调。

公共区地面做法如图3.26所示。

图 3.26 公共区地面做法

3.2.23 出入口通道横截沟盖板石材应与站厅、通道石材对缝。通道横截沟盖板对缝做法如图 3.27 所示。

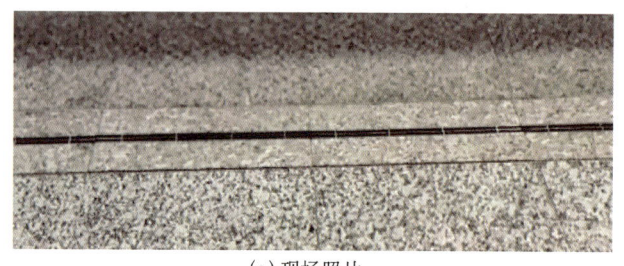

(a) 现场照片

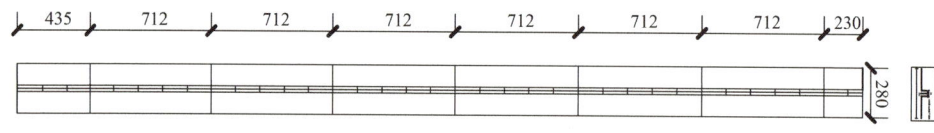

通道横截沟

(b) 设计图(单位:mm)

图 3.27 通道横截沟盖板对缝做法

3.2.24 公共区站台屏蔽门中缝应与站台地面石材对缝,所有站台屏蔽门前的上下车指示铜箭头在石材上的挖孔位置应一致。站台石材对缝做法如图 3.28 所示。

(a)现场照片

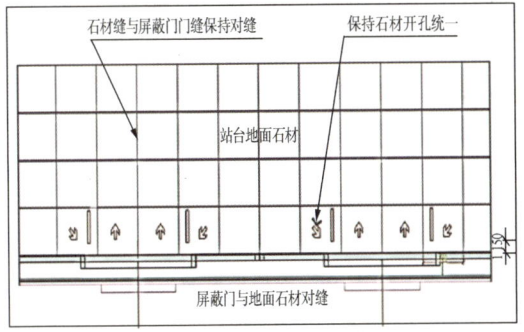

(b)设计图(单位：mm)

图 3.28　站台石材对缝做法

3.2.25　车站内盲道、黄黑警示带的布置应经建筑复核、总体审核确认后施工。

(1) 站台屏蔽门前等候区的盲道中心线应与站台屏蔽门中缝对齐，如图 3.29 所示。

图 3.29　站台盲道

（2）无障碍电梯门前等候区的盲道中心线应与无障碍电梯门中缝对齐，电梯按钮一侧的止步块应延长至电梯按钮处，如图 3.30 所示。

图 3.30　电梯处盲道对缝

（3）客服中心前的盲道应与客服中心居中对齐，如图 3.31 所示。

图 3.31　客服中心处盲道

(4) 宽闸机前后处的盲道应与过闸机通道居中对齐,如图3.32所示。

图 3.32　宽闸机处盲道

(5) 车站盲道经过不锈钢人防门槛盖板处应延续。不锈钢盖板采用如图3.33所示压花形式,并在设盲道处增做盲道压型。

图 3.33　盲道过盖板

(6) 公共区楼扶梯以及楼扶梯平台上、下的第一阶台阶前应设置内嵌式100 mm宽黄黑警示带,与地面石材内嵌做平。黄黑警示带与踏步等宽,距最近踏步边缘不大于100 mm。黄黑警示带转折处拼花应连续。黄黑警示带应于图形斜口处接缝,便于美观。黄黑警示带做法如图 3.34 所示。

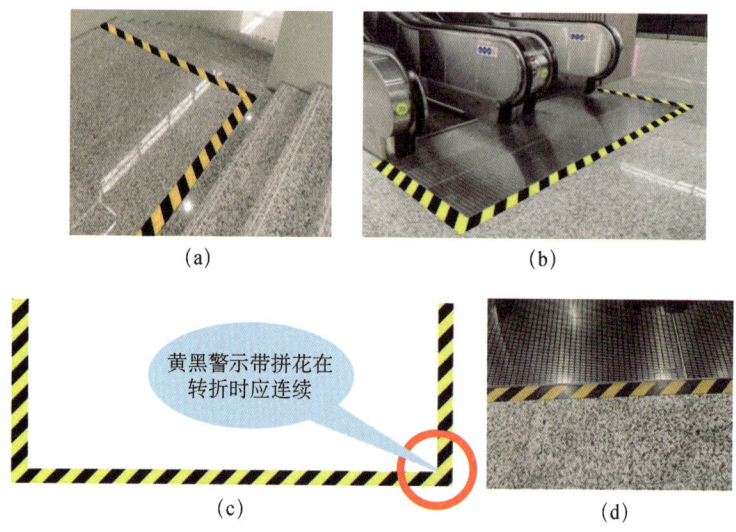

图 3.34 黄黑警示带做法

3.2.26 出入口通道地面烧毛面花岗岩区域的横截沟盖板应同为毛面，做法如图 3.35 所示。

图 3.35 横截沟盖板毛面做法

3.2.27 公共区地漏应采用铜制圆形地漏并设置于石材中心位置,如图3.36所示。

图3.36 地漏

3.2.28 出入口通道地面变形缝处应根据图纸提供的节点做法进行施工。变形缝处地面做法如图3.37所示。

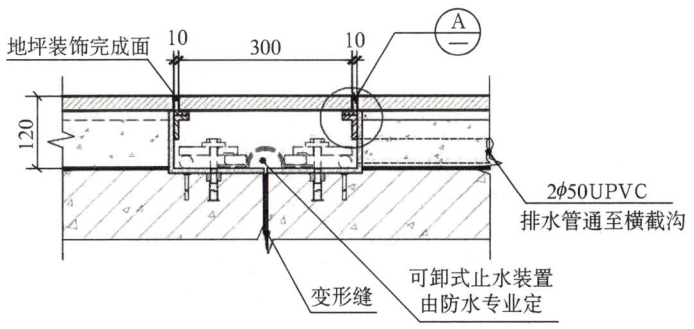

图3.37 变形缝处地面做法(单位:mm)

3.2.29 条形灯带按照站厅站台双灯带(宽480 mm)、通道单灯带(宽240 mm),高度160 mm布置。灯带底部应与支吊架底齐平,预留的灯带安装空间应充足。条形灯带做法如图3.38所示。

图 3.38 条形灯带做法

3.2.30 条形灯带在转角处应采用一体的转角专用件,如图 3.39 所示。

图 3.39 灯带转角做法

3.2.31 公共区条形灯带布置时,柱面装饰面至墙面装饰面、柱面装饰面至柱面装饰面、墙面装饰面至墙面装饰面均应居中布置,站台层以自动扶梯侧面和站台屏蔽门之间取居中。站台层四个端头的条形灯带在不遮挡风口的情况下,应延伸到站台门尽端,做法如图 3.40 所示。

图 3.40　条形灯带居中加长做法

3.2.32　公共区点状灯具的排布应横、纵、斜向成排、成列、成线,如图 3.41 所示。

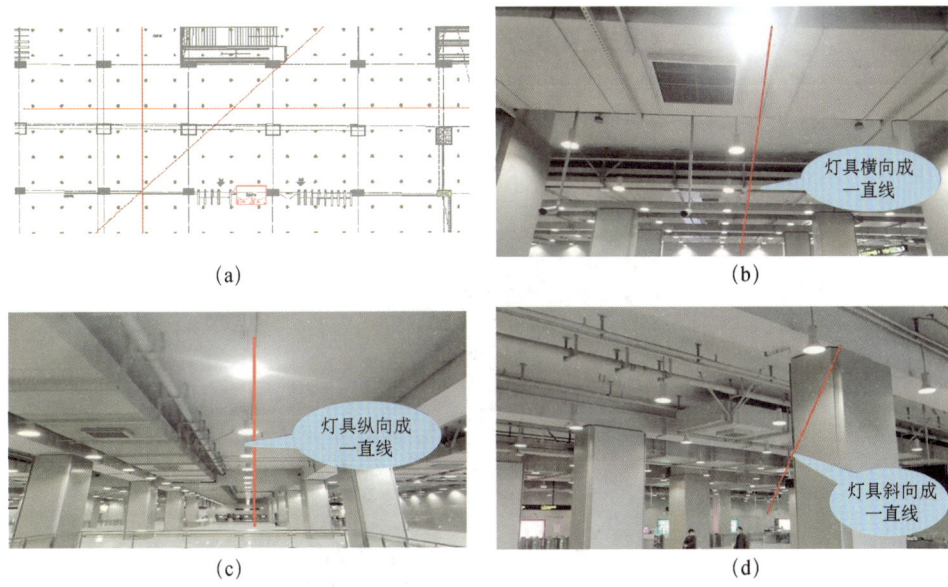

图 3.41　点状灯具做法

3.2.33　公共区顶部结构梁若有不连续或者高低差,宜用防火板将顶梁拉平,使视觉效果完整统一。结构梁包假梁做法如图 3.42 所示。

图 3.42　结构梁包假梁做法

3.2.34　公共区顶部终端设备与综合支架连接的连接件应与综合支架颜色一致，如图 3.43 所示。

图 3.43　终端设备连接件做法

3.2.35 公共区设置在梁底的喷淋头应均分、对称布置,如图3.44所示。

图3.44 梁底喷淋头

3.2.36 公共区顶部信号天线应纵向对齐安装,如图3.45所示。

图3.45 顶部信号天线

3.2.37 两道特级防火卷帘间空隙,应做一块铝板封闭,铝板颜色同墙面,如图3.46所示。

图 3.46　防火卷帘空隙做铝板封闭

3.3　设备及管线安装

公共区的设备及管线安装设计与施工，应保障地铁乘客服务的核心区域有良好的空气品质、适宜的温湿度、安全可靠的防灾探测与救援设施，以创造良好的乘客服务体验。管线及各类终端布置体现线条美，设备及管线成为装饰的延伸。

3.3.1　综合支架

3.3.1.1　综合支架设置范围如下：

（1）公共区范围内所有管线的吊装均采用综合支吊架。

（2）图纸（招标）要求的其他范围。

3.3.1.2　公共区综合支吊架、桥架、连接件等构件表面处理为环氧喷涂，颜色根据装修要求选择。

3.3.1.3　综合支吊架设计间距 2 m（特殊节点可依据载荷调整），标准桥架长度 2 m/节，水管接头两侧增设支吊架，如图 3.47 所示。

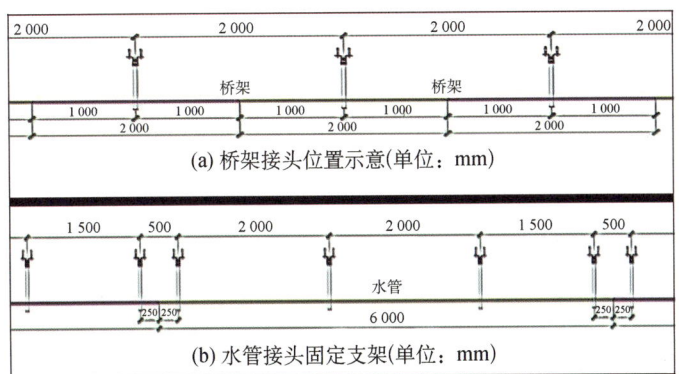

图3.47 综合支吊架间距做法

3.3.1.4 综合支吊架系统的耐火性能时效应满足设计要求。

3.3.1.5 C型钢选型范围:41 mm×21 mm、41 mm×41 mm、41 mm×62 mm、41 mm×82 mm,必要时吊杆可双拼,但应保证拼接强度。

3.3.1.6 综合支吊架底层横担背孔应向下,吊杆应与横担齐平。

3.3.1.7 型钢端盖颜色应与安装位置的C型钢颜色一致。

3.3.1.8 公共区纵向管线的支吊架宜同宽布置,公共区安装时通长区域(除第一跨和最后一跨)相邻的支吊架定位宜横向、纵向保持一条线。抗震支撑各专业统一布置,间距一致。侧向设置间距8 m,纵向设置间距16 m。公共区纵向支吊架布置如图3.48所示。

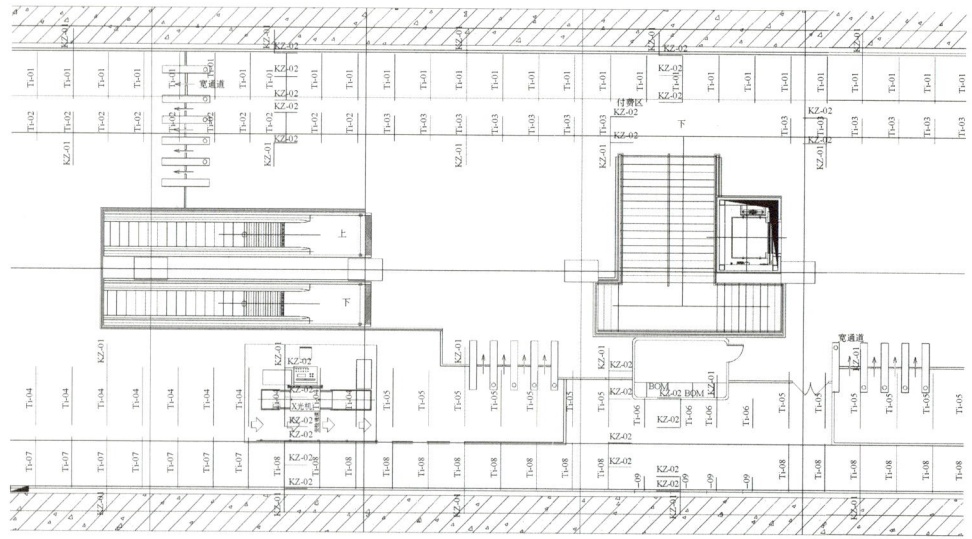

图 3.48 公共区纵向支吊架布置

3.3.1.9 特殊车站(彩色站)连接件采用 3 孔双侧大包边设计,厚度 4 mm,配套防松扣垫使用,形式见图 3.49(a)。普通车站连接形式如图 3.49(b)所示。

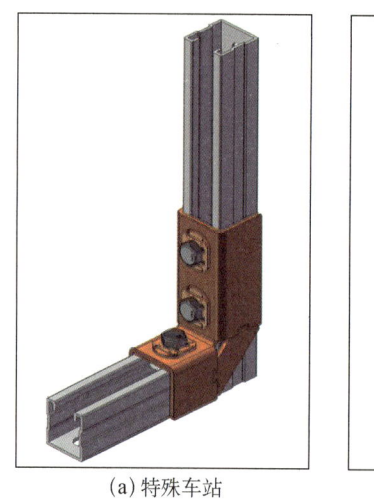

(a) 特殊车站　　　　　　(b) 普通车站

图 3.49 综合支吊架连接件形式

3.3.1.10 所有桥架水平、垂直转角均采用 45°(135°)。

3.3.1.11 综合支吊架的其他通用技术要求,详见第 2 章的相应内容。

3.3.1.12 公共区综合桥架水平弯、垂直弯的做法如图 3.50 所示。

(a)

(b)

图 3.50 综合桥架水平弯、垂直弯做法

3.3.1.13 现场综合支吊架安装,纵向间距一般为 2 m。碰到诱导缝时,须偏离诱导缝左(或右)不小于 150 mm。成套支吊架横向及纵向应成一条直线。综合支吊架设置纵、横、斜精细化对齐做法如图 3.51 所示。

图 3.51 综合支吊架设置纵、横、斜精细化对齐做法

3.3.1.14 桥架在支吊架内的布置要求:桥架外侧边离支吊架竖杆内侧净距离为 90 mm,在支吊架内同时出现多层桥架时,每层高度必须统一,防止在桥架与风管交叉登高时,出现登高起点与坡度不统一的情况;当支吊架

内多层桥架规格不同时,最宽的桥架置于下方,上方的桥架根据现场情况居中或靠边对齐;桥架在支吊架内同一水平布置时,桥架边内侧净间距宜控制在 100 mm 左右,且不允许小于 50 mm 或大于 200 mm。

3.3.1.15 桥架与线槽的安装:桥架的接头安装在间距 2 m 支架的中间,有多层桥架时每层上下间距相同,宜控制在 150 mm 左右,桥架转弯处须保证弯头的角度统一,以及弯头两侧的支架位置统一;当线槽与喷淋共用独立支架时,喷淋安装在支架的侧面,灯槽利用定制 G 型件安装于支架的正下方,避免出现水管在线槽正上方,在渗漏时水渗漏进线槽内的情形,并做好保护接地,桥架接地做法参照第 2 章中的相应要求。桥架、线槽做法如图 3.52 所示。

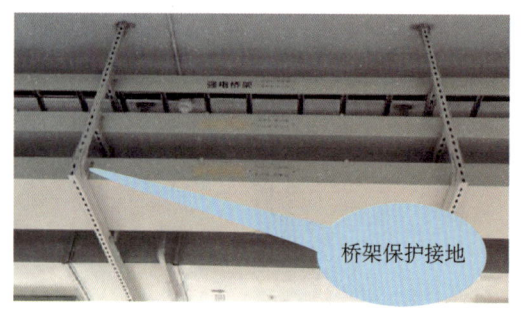

(a)

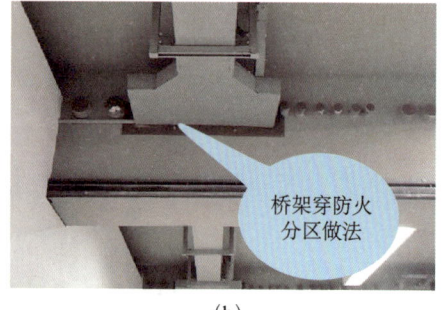

(b)

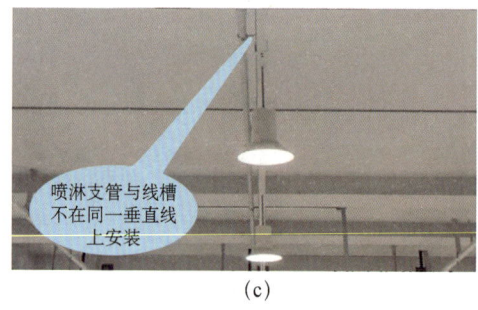

(c)

图 3.52　桥架、线槽做法

3.3.2　管线及桥架

3.3.2.1 为避免风管与桥架交叉,并考虑装修效果,站台主风管宜靠近站台门侧布置,各类桥架宜上下叠放整齐,远离站台门侧布置。站台层风孔及主风管布置如图 3.53 所示。

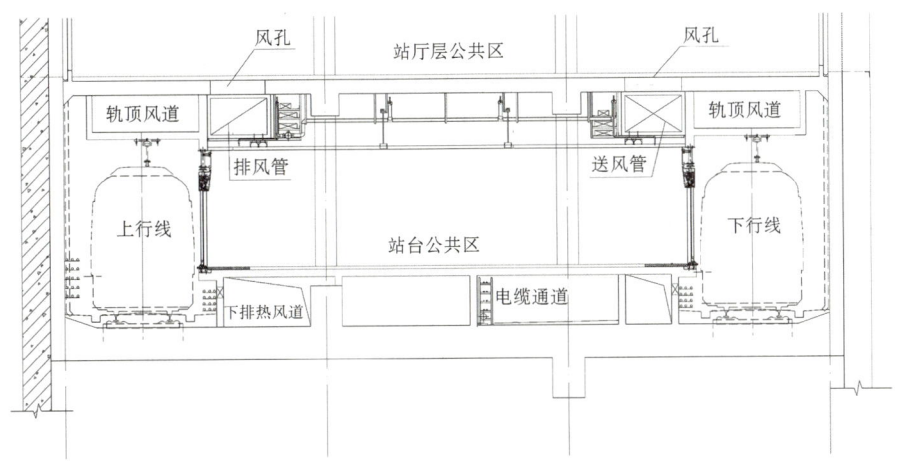

图 3.53　站台层风孔及主风管布置

3.3.2.2　站台层集中排烟口做成整体美观的形式,避免凸出于公共区顶部,宜利用设备房间侧墙部位开设排烟口。站台层集中排烟口的布置如图 3.54 所示。

图 3.54　站台层集中排烟口的布置

3.3.2.3　车站公共区风管距结构顶应留 100 mm 的空隙,不能贴顶安装,方便运维时对结构渗水的处理。根据现场条件优化风管尺寸,以尽量抬高公共区的整体净高。站厅公共区横穿风管应位于公共区两侧(公共区第一跨),有条件的车站宜将横穿风管调整至设备区。公共区风管做法如图 3.55 所示。

图 3.55　公共区风管做法

3.3.2.4　公共区风口宜安装在综合支架的中间位置,如图 3.56 所示。

图 3.56　公共区风口居中布置

3.3.2.5　公共区风管宜采用符合设计要求的复合风管,做到每个系统风管宽度一致,风管变径采用高度变径(水平不变径)的原则,风管长度按照 750 mm、1 250 mm、750 mm、1 250 mm……依此类推进行模数化定制、模块化拼装。每整根(1 250 mm)风管安装在两侧支架的中间风管上,支架处用长度 750 mm 的风管安装,避免出现在安装风管时插条法兰与支架的碰撞、插条不便于安装的问题。在安装风口时,应把风口安装在两侧支架的中间风管上,做到风口纵向、横向成线,风管的插条法兰成线。风管安装的精细化施工如图3.57所示。

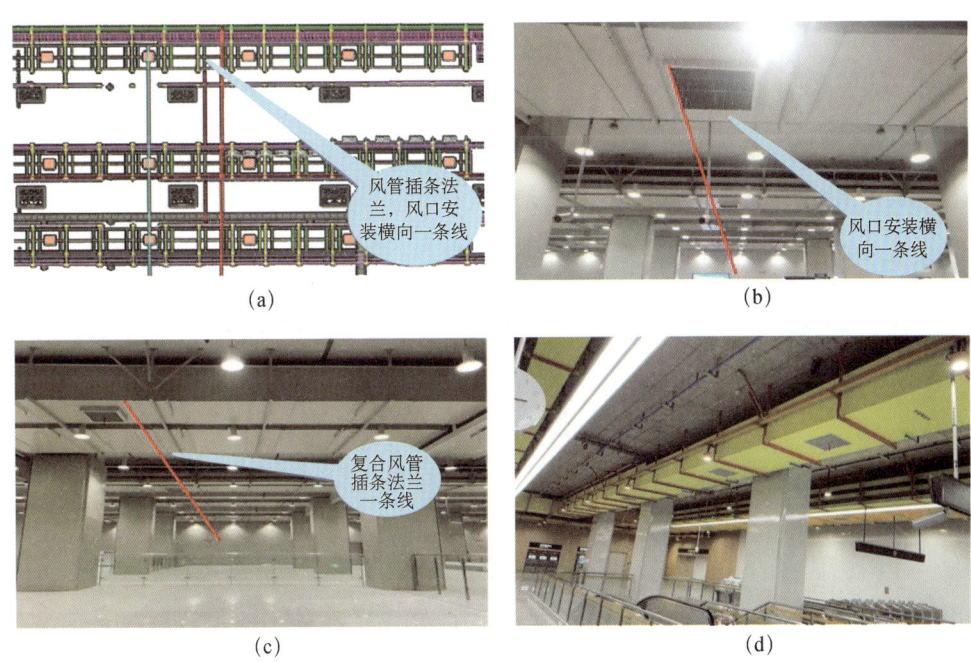

图 3.57 风管安装的精细化施工

3.3.2.6 消防、给排水管、冷冻水管安装:水管的补偿器、伸缩节均安装在 2 m 间距的支架的 1/4(500 mm)处,再在两侧支架的中部增补一套同宽的综合支架。综合支架内安装多根水管时,水管左右及上下层的间距宜相同,同时也须考虑冷冻水管保温所需空间,保温外包铝薄板。各类水管安装要求如图 3.58 所示。

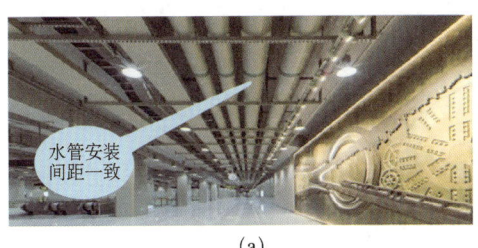

图 3.58 各类水管安装要求

3.3.2.7 轨道交通公共区喷淋安装设计与施工满足以下要求。

(1) 宽度大于 1.2 m 的风管下方增设喷头,喷淋横管长度不宜大于 700 mm,喷头按照综合支架 2 m 的模数间距分别为 2.6 m+3.4 m,避免喷头与支架的碰撞,喷头与支架的距离保持统一。所有喷头纵向、横向安装成一条直线。

(2) 喷头与纵梁水平和垂直距离大于规范要求时,在纵梁下方增设喷头,并在每跨梁底均分、对称布置。

喷淋安装做法如图 3.59 所示。

(a)

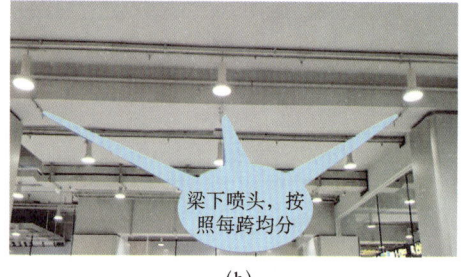

(b)

图 3.59 喷头安装做法

3.3.2.8 消防箱安装于装饰板左右龙骨的中部,有利于保证后期消防箱四周封板的大小一致和美观。消防栓管在消防总管安装机械三通同样安装至上方支架的 1/4 处,并垂直向下,避免在装饰面上方出现消火栓管转弯的现象。站台层、站厅层消防箱、配电箱柜的周边,应选用 A 级不燃材料进行封堵,如图 3.60 所示。

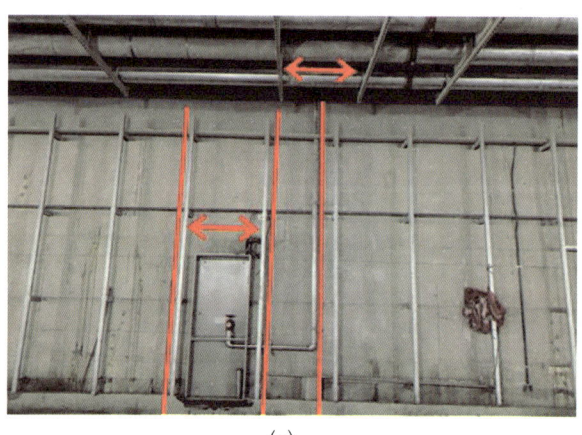

(a)

(b)

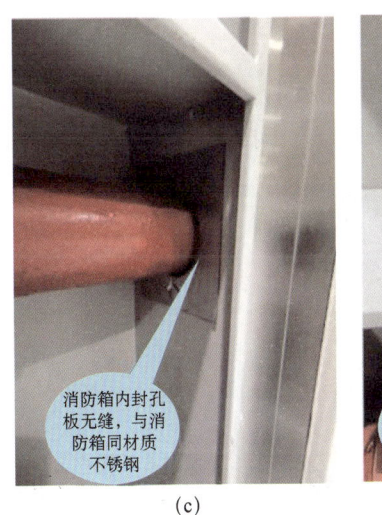
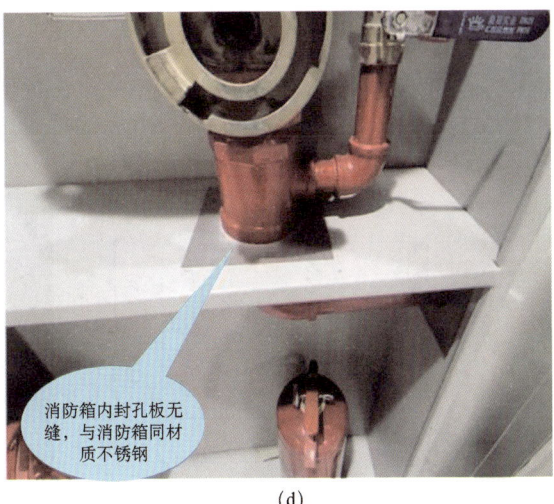

(c)   (d)

图 3.60 消防箱的安装做法

3.3.2.9 公共区配电箱、安防箱与装饰墙之间的缝隙利用防火板封面,两侧距离相同,外涂层与铝板同色,如图 3.61 所示。

(a) 配电箱   (b) 安防箱

图 3.61 配电箱、安防箱的安装做法

3.4 卫生间

3.4.1 卫生间台阶处应设 100 mm 宽嵌入式黄黑警示带。地砖与蹲便器十字居中对缝,并与墙面砖对缝。卫生间黄黑警示带及地砖排布如图 3.62 所示。

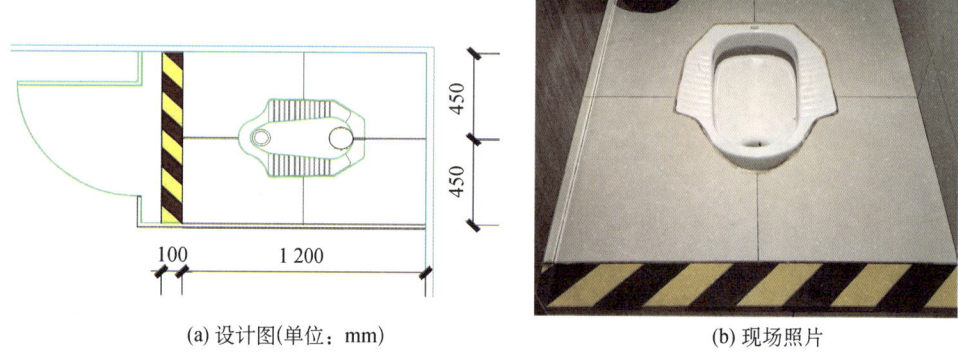

(a) 设计图(单位:mm)　　　　　　　(b) 现场照片

图 3.62　卫生间黄黑警示带及地砖排布

3.4.2 男卫小便斗中线、红外感应器、隔板宜与墙面砖中缝对齐,顶部分别同高,斗顶与墙面砖中缝对缝,如图 3.63 所示。

3.4.3 卫生间地漏应居地砖中心,八字拼缝,围圈并做好泛水。地漏完成面比周围低 5 mm。卫生间地漏做法如图 3.64 所示。

图 3.63　小便斗示意图

图 3.64　卫生间地漏做法

3.4.4 卫生间风口宜结合顶棚造型灯带,采用暗藏式设计,如图 3.65 所示。

 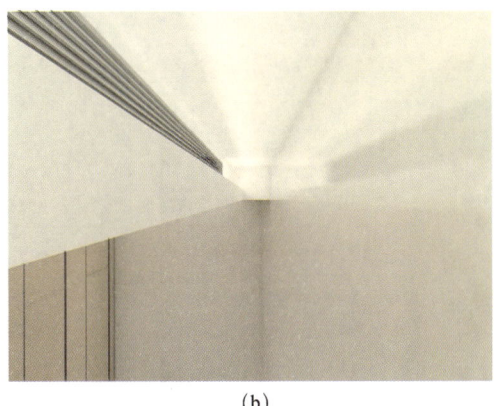

(a)   (b)

图 3.65   暗藏式卫生间风口

3.4.5 无障碍扶手应采用不锈钢内管,外管采用白色高强度抗菌尼龙。无障碍设施应安装牢固,如图 3.66 所示。

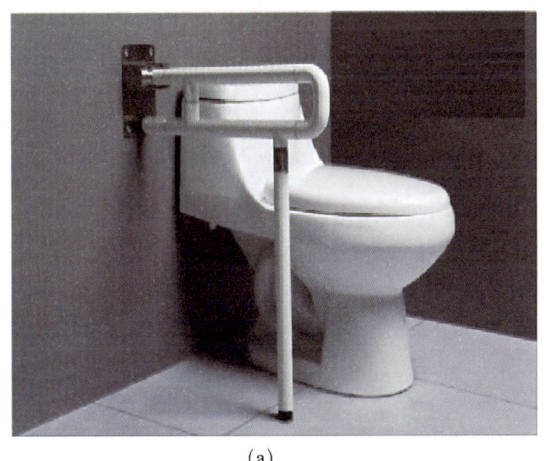 

(a)   (b)

图 3.66   无障碍设施

3.4.6 无障碍卫生间移门处应设置防夹感应器,且防夹感应器与操作按钮同高,如图 3.67 所示。

3.4.7 卫生间洗手盆排水管应采用硬管连接,如图 3.68 所示。

图 3.67　防夹感应器做法　　　　图 3.68　洗手盆排水管安装

3.4.8　卫生洁具选型应满足节水要求,如表 3.2 所列。

表 3.2　卫生洁具选型表

类型	要求
蹲便器	冲水量小于 5 L
小便器	冲水量小于 0.5 L
无障碍卫小便器	冲水量小于 0.5 L
小便感应器	冲水量小于 0.5 L
无障碍卫坐便器	3 L/4.5 L 可调/双冲
儿童坐便器	3 L/4.5 L 可调/双冲
感应龙头	小于 1.5 L/min

3.5　导向

3.5.1　悬挂式导向与通信专业摄像头距离较近时应进行整合设计安装,同时减少竖向吊杆。整合式导向如图 3.69 所示。

3.5.2　在出站闸机正对的墙面上应设置醒目信息引导导向,方便乘客第一时间找到出站路线,如图 3.70 所示。

 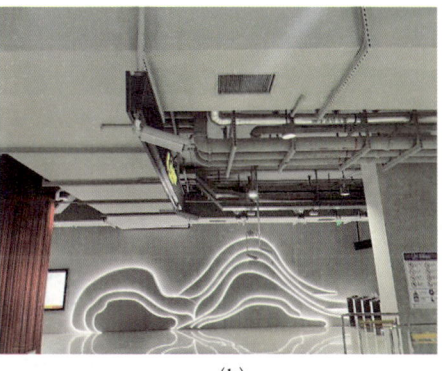

(a) (b)

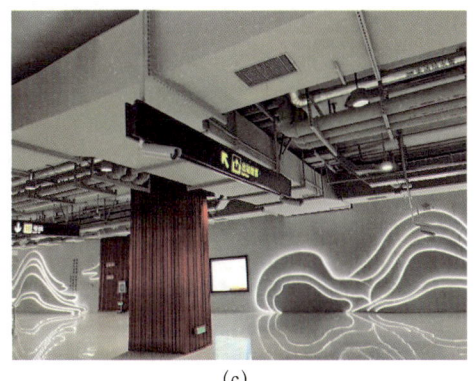

(c)

图 3.69 整合式导向

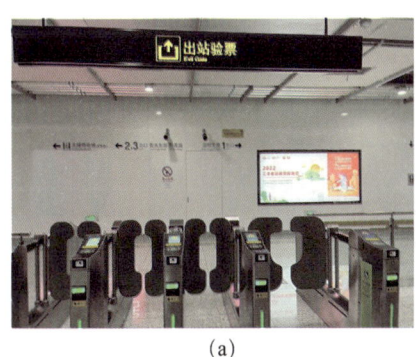 

(a) (b)

图 3.70 出站导向

3.5.3 站台落地式导向应注意在地面预留电源。

3.5.4 站厅出口通道、无障碍电梯、卫生间、售票处、T 型楼梯处悬挂导向应嵌墙安装,导向与洞口同宽,如图 3.71 所示。

(a) 站厅出口通道

(b) 无障碍电梯

(c) 卫生间

(d) 售票处

(e) T 型楼梯处

图 3.71 嵌墙导向

3.5.5 站厅出入口编号定位导向为黄色发光字灯箱,距口部 1 个墙面模数安装,并注意在墙面预留电源,如图 3.72 所示。

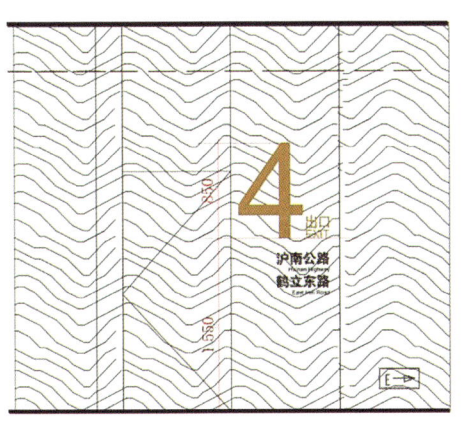 

(a) 设计图(单位：mm)　　　　　　　　(b) 现场照片

图 3.72　定位导向示意图

3.5.6　站外司标电源应预留到位。

4 出地面建筑及设施

地铁出地面出入口与其他设施作为城市公共交通的重要节点,每天迎接着城市中万千的客流人群,是彰显城市地铁整体形象的重要窗口。出地面建筑与设施应与沿线的建筑和环境相协调,针对站位特点,因地制宜,有机地融为一体,改善交通环境,美化城市景观。

4.1 出入口平台与市政人行道接口

4.1.1 出入口宜设置三级台阶接至站前广场。

4.1.2 出入口平台盲道应与市政人行道的盲道顺接。

4.1.3 出入口台阶踏步的每一级高度应统一,如图 4.1 所示。

图 4.1 出入口台阶做法

4.1.4 垃圾站宜设置于地面广场,一站一处,垃圾箱材质为不锈钢,如图 4.2 所示。

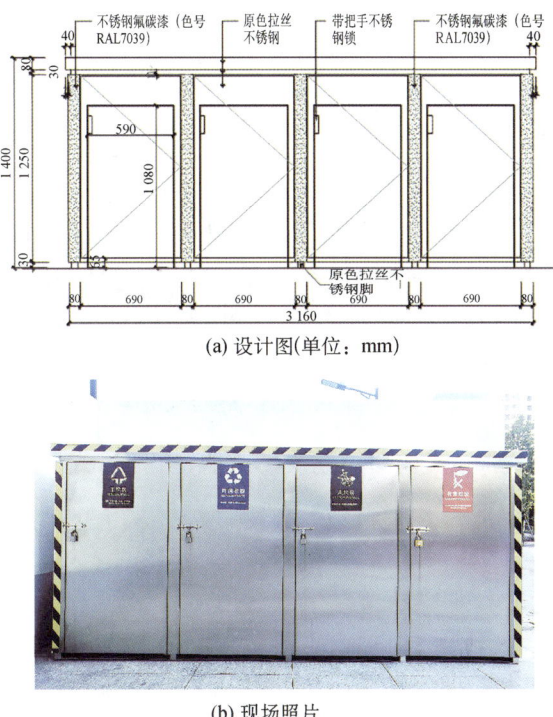

(a) 设计图(单位：mm)

(b) 现场照片

图 4.2　地面广场垃圾站做法

4.1.5　车站室外消火栓、水泵接合器设置在出入口站前广场时应不影响行人通行，设置在绿化带里时应不被灌木遮挡。室外消火栓设置如图 4.3 所示。

图 4.3　室外消火栓设置

4.1.6　室外消火栓、水泵接合器应采取保温措施，并标识名称，如图 4.4 所示。

图 4.4　室外消火栓、水泵接合器保温措施

4.1.7 出入口卷帘门应安装红外线防夹感应器,如图 4.5 所示。

图 4.5　红外感应器做法

4.2　整合出入口

4.2.1 出地面建筑(出入口、风井、垂直电梯等)宜进行整合设计,使之与周边环境协调一致。出地面建筑整合做法如图 4.6 所示。

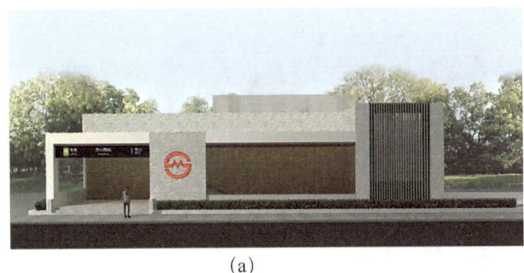

(a)　　　　　　　　　　　　　　(b)

图 4.6　出地面建筑整合做法

4.2.2　出地面建筑如采用清水混凝土风格，施工时应注意以下要求。

(1) 施工前应对模板进行排版和确认。

(2) 缝隙对齐，螺栓孔应均匀布置。

(3) 小尺寸模板宜放在最下方，采用整块模板做法，无横向拼缝。

(4) 所有管线均应在浇筑混凝土时提前预埋，经各专业现场确认后方可浇筑。

(5) 风口百叶宜与混凝土同色，如图4.7所示。

图 4.7　风口百叶

4.2.3　清水混凝土风格建筑表面清水漆修复应颜色基本均匀一致，无明显色差，且应保留原混凝土的本身特质，并采取防渗措施，达到荷叶叶面防水效果。清水漆表面纹理及防渗效果如图4.8所示。

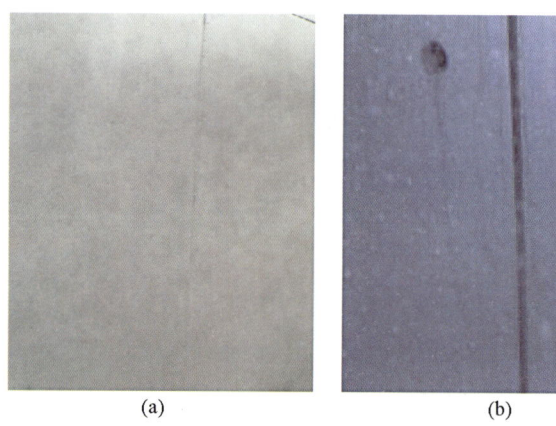

图 4.8 清水漆表面纹理及防渗效果

4.2.4 无障碍电梯雨棚形式应统一,并安装照明灯具,如图 4.9 所示。

图 4.9 电梯雨棚

4.2.5 所有落水管均应从地面以下接出至室外排水管网,埋深至少 300～500 mm。

4.2.6 出入口防淹板采用分段设计,并在入口处设置不锈钢卡槽及其预埋件。出入口防淹板不锈钢卡槽如图 4.10 所示。

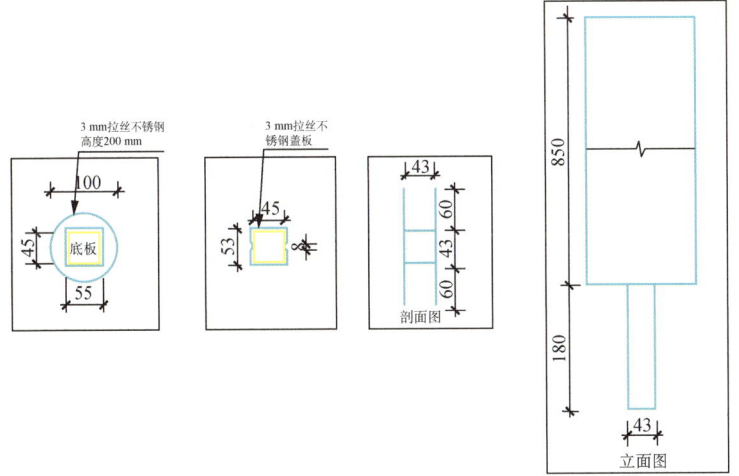

图 4.10 出入口防淹板不锈钢卡槽(单位:mm)

4.3 独立出入口

4.3.1 独立出入口采用钢结构加盖形式,出入口底部防汛墙的设置应满足高度大于 1 300 mm 的防汛要求。独立钢结构加盖出入口如图 4.11 所示。

图 4.11 独立钢结构加盖出入口

4.3.2 钢结构独立出入口屋面板应采用直立锁边系统,屋面板直立锁边系统如图 4.12 所示。

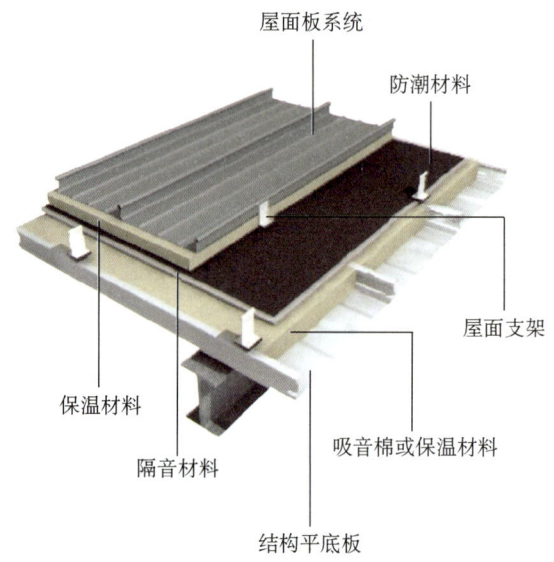

图 4.12 屋面板直立锁边系统示意图

4.3.3 出入口及风井外饰面(包括干挂石材、铝板、涂料等)应做到地面以下 200 mm,如图 4.13 所示。

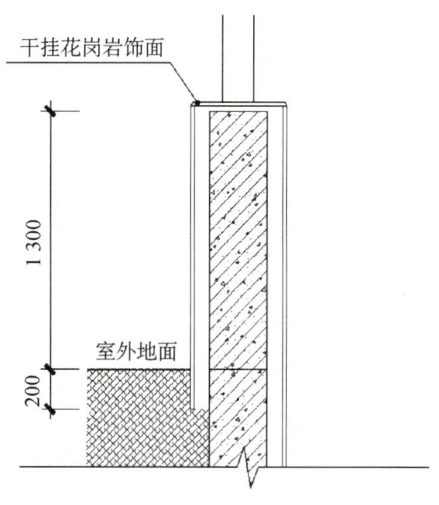

图 4.13 外饰面(单位:mm)

4.3.4 钢结构加盖出入口内部落水管出口应接入市政管网。

4.4 室外冷却塔

4.4.1 冷却塔围栏采用 3 mm 厚冲孔铝板,立柱为热镀锌钢立柱,所有外露部分表面应进行氟碳处理。冲孔铝板及立柱与混凝土同色,冷却塔围栏检修门与围栏同质同色,如图 4.14 所示。

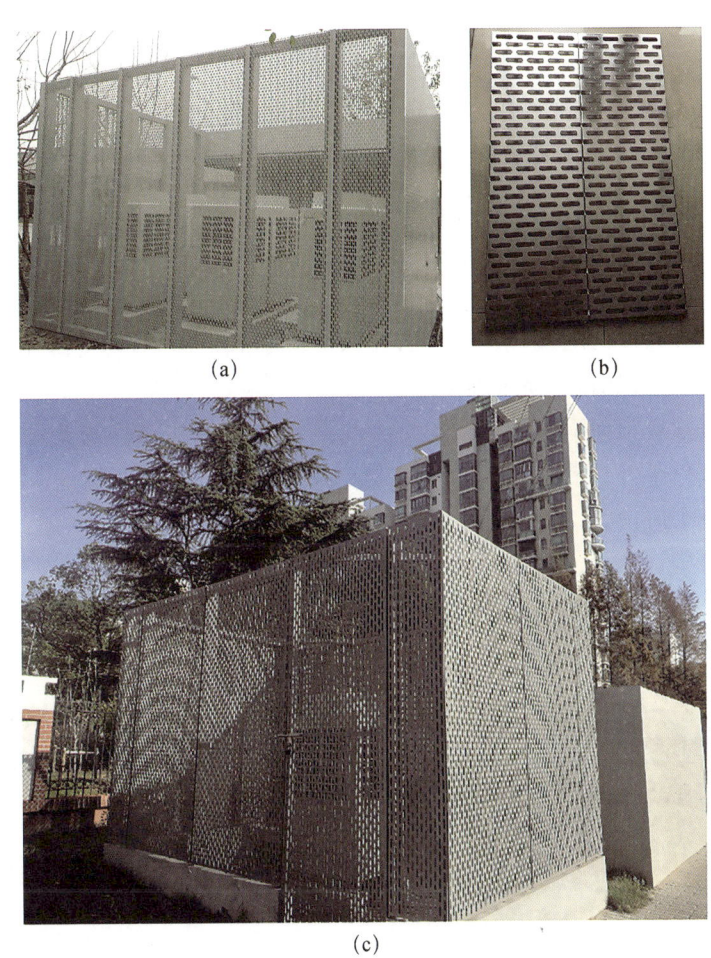

图 4.14 冷却塔围栏

4.4.2 考虑到人身、建(构)筑物和设施设备的安全,室外建(构)筑物和设施设备为金属体的,应按规范和设计要求设置可靠的防雷接地。

5 机电安装

机电安装是轨道交通施工中的重要组成部分,专业众多,环节复杂,在满足功能需求的同时,还应加强工序统筹和接口管理,施工前统一规划设计,施工中样板引路,使安装工艺规范化、标准化。

5.1 接触网、环网电缆、杂散电流、疏散平台

地铁接触网、环网电缆、杂散电流、疏散平台专业施工,需保证设备安装整齐,线缆敷设平顺,标识清晰,易于维护。

5.1.1 通过观察预埋滑槽的卡槽识别线与接触网 T 型头螺栓的关系,判断 T 型头螺栓是否与滑槽密贴,确保 T 型头安装质量。T 型头螺栓卡槽识别线如图 5.1 所示。

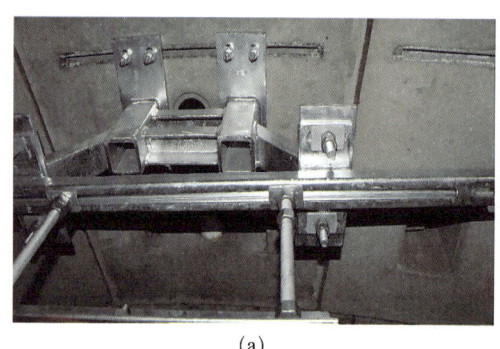

(a)　　　　　　　　　　　　　　(b)

图 5.1　T 型头螺栓卡槽识别线

5.1.2 接触网上网电缆采用绝缘支架(图 5.2),以增强供电的安全性,保证电缆布置顺直、整齐。接触网上网电缆如图 5.3 所示。

图 5.2　接触网上网电缆绝缘支架

图 5.3　接触网上网电缆

5.1.3　环网电缆运用二维码标识牌记录电缆规格型号、所属区段、施工完成时间等相关信息。环网电缆标识牌如图 5.4 所示。

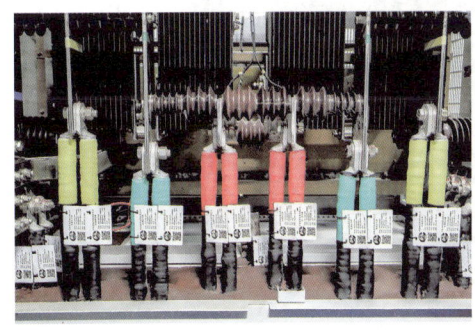
(a)

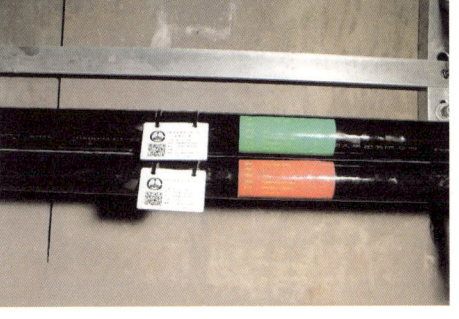
(b)

图 5.4　环网电缆标识牌

5.1.4 环网电缆接头处使用边角钝化处理过的喷塑托盘,使其美观简洁,电缆接头中间托盘如图5.5所示。在电缆进出孔洞处设置分层电缆支架,避免电缆混乱、拧绞,电缆引出滚轮支架如图5.6所示。

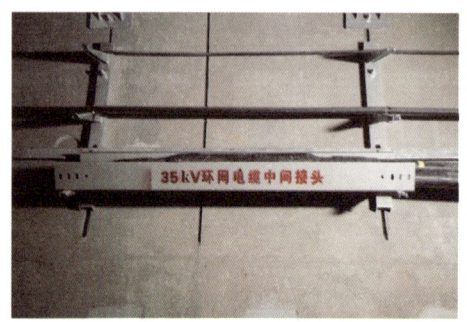 

图5.5 电缆接头中间托盘　　　图5.6 电缆引出滚轮支架

5.1.5 区间人防门处预留环网电缆孔洞,应根据线缆直径大小和所在区间位置,预留相适应的孔洞。根据预留孔洞定制组装式支架,合理规划电缆的排布、绑扎位置。人防门电缆定制支架如图5.7所示。

图5.7 人防门电缆定制支架

5.1.6 定制特定弧度、长度的环网电缆托臂支架槽钢,对电缆预留弯进行刚性固定。环网电缆预留弯托臂支架和环网电缆"品"字形卡箍分别如图5.8和图5.9所示。

图5.8　环网电缆预留弯托臂支架　　　　图5.9　环网电缆"品"字形卡箍

5.1.7　杂散电流传感器接线从平直度、防护、颜色外观等角度出发,优化施工工艺。杂散电流传感器安装接线工艺如图5.10所示。

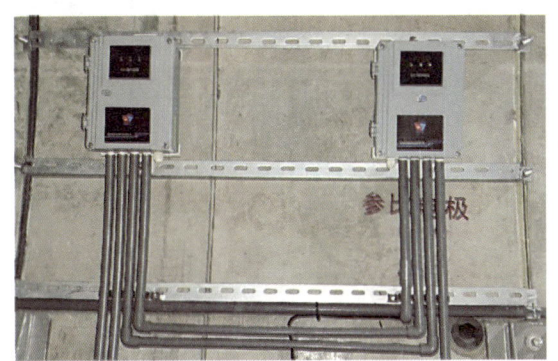

图5.10　杂散电流传感器安装接线工艺

5.1.8　针对杂散电缆在不同道床类型预留杂散道床连接孔洞,加工转接铜排,保证电缆连接美观。杂散电流跨接线转接铜排如图5.11所示。

(a)　　　　　　　　　　　　(b)

图5.11　杂散电流跨接线转接铜排

5.1.9 根据站台高度提前设置坡度,确保疏散平台板与站台的平顺搭接,如图 5.12 所示。

图 5.12 疏散平台板与站台搭接

5.1.10 曲线段疏散平台板宽度过渡级差由 50 mm 调整为 10 mm,实现平顺缓和过渡,如图 5.13 所示。

图 5.13 疏散平台宽度缓和过渡

5.1.11 隧道内灰尘大、交叉施工多以及作业人员频繁踩踏造成疏散平台板面污染,特别定制膜面厚、黏性强的防护膜用于保护平台板。重点区段宜选用灰色平台板,做到与隧道整体环境更加协调。疏散平台成品防护膜如图 5.14 所示。

图 5.14　疏散平台成品防护膜

5.2　牵引降压混合变电所及降压变电所

牵引降压混合变电所及降压变电所的设备应排布整齐、动线合理;电缆敷设应排列整齐、便于检修,并采用标准化工艺。

5.2.1　相邻屏、柜以每列已组立好的第一面屏、柜为基准对齐,使用厂家专用螺栓连接,所有安装螺栓紧固到位。垂直度和水平度误差标准应优于《国家电网有限公司输变电工程标准工艺:变电工程电气分册》的 30%。屏、柜的安装工艺如图 5.15 所示。

5.2.2　两台整流器柜分开并采用绝缘抬高 30 mm 的安装方式(图 5.16),便于后期维护检修。整流器上方应设置挡水棚,有效挡水范围应延伸至上进电缆弯曲最高点,如图 5.17 所示。

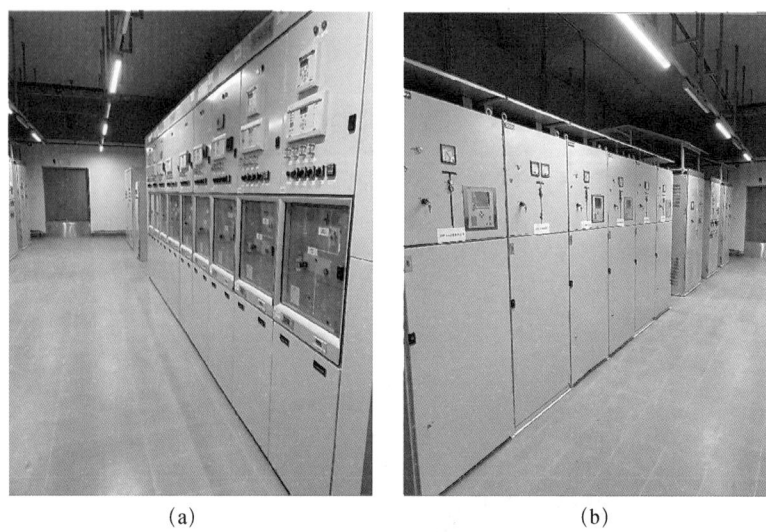

(a)　　　　　　　　　　　　(b)

图 5.15　屏、柜的安装工艺

图 5.16　整流器柜分开安装

图 5.17　整流器柜上方挡水棚做法

5.2.3　电缆敷设应排列整齐,走向合理,高度和弯曲弧度一致,采用绝缘注塑夹具固定。电缆的首端、末端和分支处应设标识牌,注明电缆编号、型号、规格、起点和终点,标识牌的字迹应清晰不易脱落。电缆敷设以及标识牌做法如图 5.18 所示。

(a)　　　　　　　　　　　　　　(b)

图 5.18　电缆敷设以及标识牌做法

5.2.4 电缆夹层增设铝条抱箍固定电缆,以减少电缆纵向受力,增加其使用寿命。各种缆线应均匀固定绑扎,接入设备或配线架时,应留有一定的余量。电缆绑扎带间距应与带头长度统一。电缆夹层铝条抱箍固定电缆做法如图5.19所示。

(a)

(b)

图5.19 电缆夹层铝条抱箍固定电缆做法

5.2.5 电缆夹层中的电缆应排列整齐,走向合理,不宜交叉,且应无下垂现象。电缆进入电缆夹层时应进行预留,预留长度为5~10 m,应绑在架托上并进行固定。预留电缆应不落地,做到安全固定、整齐美观。电缆不落地敷设及支架做法如图5.20所示。

5.2.6 二次电缆布线应横平竖直,无交叉现象,且接线正确、牢固,并应留有适当裕度。芯线应套号码管,标识内容应包括电缆编号、回路编号和端子排号,号码管须长度一致、排列整齐,号码管上文字应字体向外、字迹清晰。二次电缆接线工艺如图5.21所示。

图5.20 电缆不落地敷设及支架做法

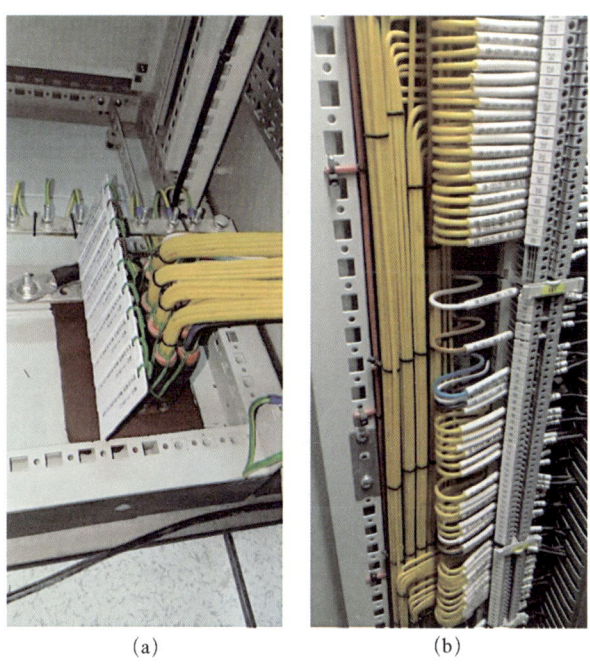

(a)   (b)

图 5.21 二次电缆接线工艺

5.2.7 电缆夹层出入口应加装方便上下的扶梯,盖板应牢固、可靠且方便拆装。夹层出入口盖板工艺如图 5.22 所示。

(a)   (b)

图 5.22 夹层出入口盖板工艺

5.3 通信信号

5.3.1 通信信号机柜与底座连接应牢固可靠,安装后稳固不动。机柜门开闭顺畅。机柜垂直度偏差不超过机柜高度的1‰,机柜间缝隙不超过3 mm。同类机柜相邻且高度一致,偏差应小于2 mm。在复旦大学站采用了透明机柜(透明机柜应采用透明防爆玻璃),使得柜内设备、线缆一览无余,便于维护人员观察设备运行状态,如图5.23所示。

图5.23 透明机柜安装工艺

5.3.2 铝合金走线架可根据机房空间情况,使用上走线架下部连接的固定方式,固定在机柜顶部,避免与照明灯具冲突,提高机房空间利用率和整体美观度。上走线架下部固定做法如图5.24所示。

图5.24 上走线架下部固定做法(机房全景)

5.3.3 各种配线应按顺序出线,布放应顺直、整齐,无扭绞、交叉现象,且绑扎间隔均匀、松紧合适,塑料扎带头应剪齐并放在隐蔽处。敷设好的配线两端应贴有标签,标明型号及起止设备名称等必要的信息。标签应选用不易损坏或脱落的材料。柜内配线做法如图 5.25 所示。

图 5.25　柜内配线做法

5.3.4　各种缆线应均匀绑扎固定、松紧适度,布线应尽量短而整齐。配线长度应满足相关规范对余量的要求。配线完成后轻拉芯线确定端子芯线稳固,整理配线,线缆应绑扎整齐,端子部位预留弧度应一致。组合柜配线做法如图 5.26 所示。

　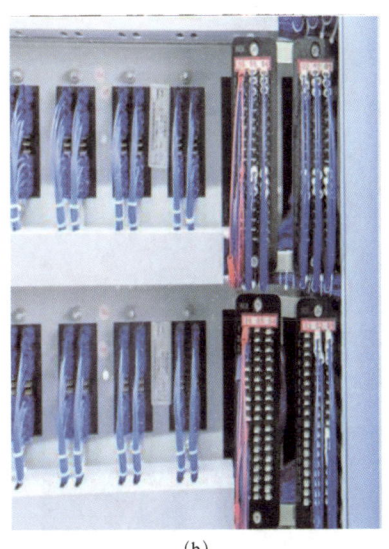

(a)　　　　　　　　　　　　　　(b)

图 5.26　组合柜配线做法

5.3.5　电源线与信号线应分开布放,当交叉敷设时,应成直角;当平行敷设时,间距应符合设计要求。走线架线缆敷设应横平竖直、拐弯圆润、轻柔缓和、顺畅平整、层次分明、整齐划一。走线架线缆敷设做法如图 5.27 所示。

图 5.27　走线架线缆敷设做法

5.3.6　采用立交桥式室内布线,线缆根据不同路径进行分层处理,方便清洁、维护和快速精准定位排除故障。电源线固定与数据线固定分别如图 5.28 和图 5.29 所示。

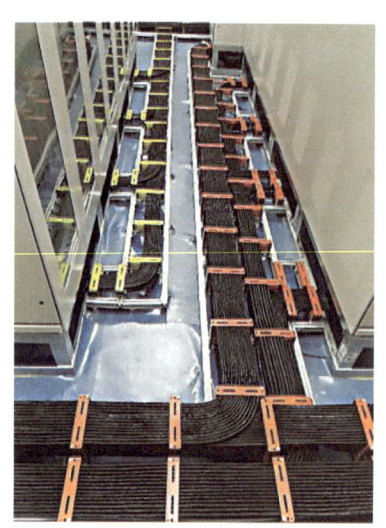 

图 5.28　电源线固定　　　　　　图 5.29　数据线固定

5.3.7 采用可开启式线缆上线柜,提升线缆防护等级和机房整体布局观感,便于后期维护。可开启式线缆上线柜如图5.30所示。

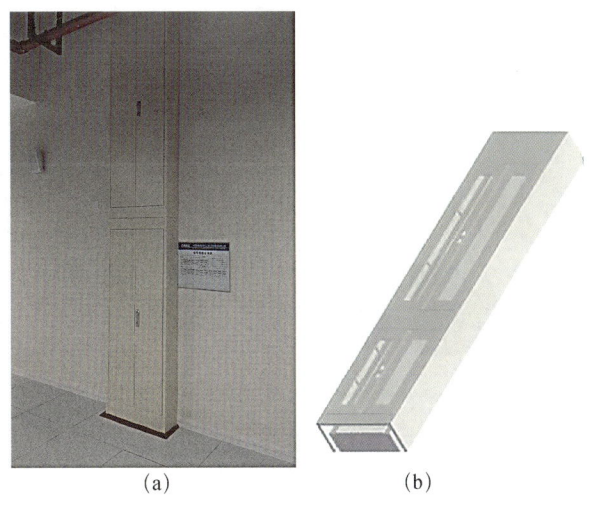

图 5.30 可开启式线缆上线柜

5.3.8 通信信号用房内机柜柜位应结合静电地板按模数整体布置,边缘地板不宜小于整块地板的三分之一。柜位结合静电地板排版做法如图5.31所示。

图 5.31 柜位结合静电地板排版做法

5.3.9 柜体进出线缆孔洞应采用防火胶泥封堵,做好防鼠、防虫、防水、防潮和防尘处理。机柜底部封堵做法如图 5.32 所示。

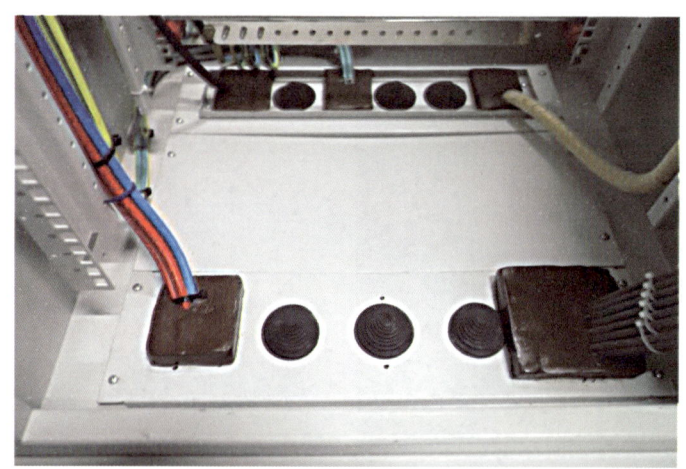

图 5.32 机柜底部封堵做法

5.3.10 站内摄像机一般采用吊装、壁装或立柱安装的方式,并根据现场情况做微调(一般在 500 mm 以内),避免遮挡摄像机视角。若摄像机监控视角被导向牌遮挡,摄像机宜与导向牌结合。利用螺栓对摄像机支架与导向牌 C 型凹槽进行固定。摄像机与导向牌结合做法如图 5.33 所示。

图 5.33 摄像机与导向牌结合做法

5.3.11 广播扬声器安装须位置合理、固定可靠,配线走向规范,缆线绑扎牢固无外露,且与装饰灯具呈一直线,突出上部空间工艺美。广播扬声器安装做法如图 5.34 所示。

图 5.34　广播扬声器安装做法

5.3.12　摄像机及广播线缆引出桥架管路做到横平竖直，相邻管路间距相等。线缆保护管安装做法如图 5.35 所示。

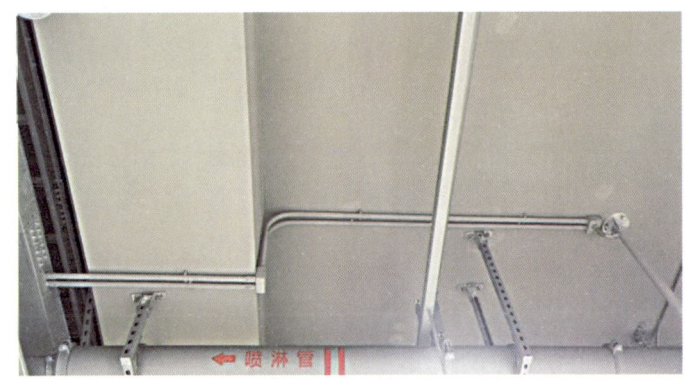

图 5.35　线缆保护管安装做法

5.3.13　光缆进入引入室时可进行预留，预留长度为 10～20 m。余缆应盘成 600 mm 直径的缆圈，绑在盘留架托架并固定在引入室墙壁等适当位置。引入室光缆预留应安全固定、布放整齐美观。引入室光缆预留做法如图 5.36 所示。

图 5.36　引入室光缆预留做法

5.3.14　电缆间通过 BIM 优化,利用两侧墙体设置线缆预留架,避免传统中置"房形"预留架导致的大量空间占用问题,便于成品保护和后期维护。电缆间线缆预留架如图 5.37 所示。

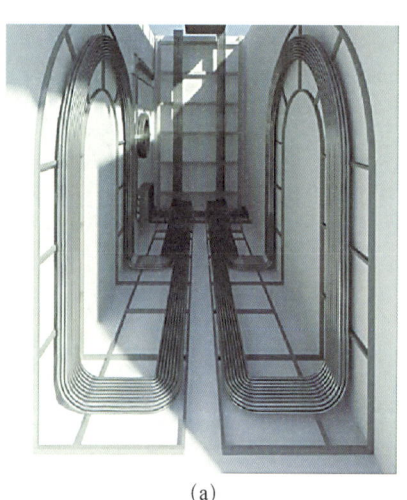
(a)

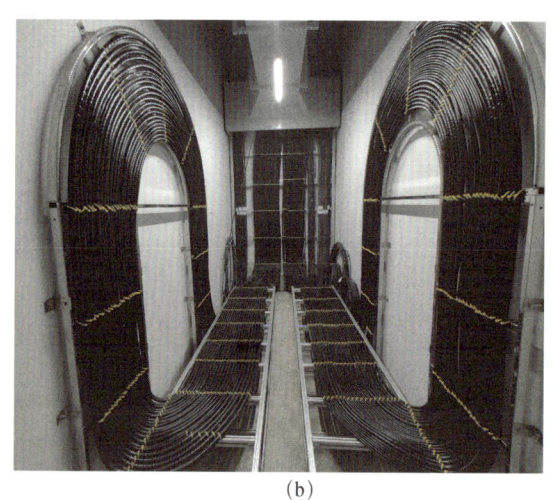
(b)

图 5.37　电缆间线缆预留架

5.3.15　轨行区进入房间的爬架线缆走线,按照规划好的线缆位置进行敷设安装。轨行区进房间线缆规划如图 5.38 所示。

图 5.38　轨行区进房间线缆规划

5.3.16　站台区隔离开关位置,漏缆敷设径路与强电线缆交叉时,通过 BIM 优化,采用过桥式漏缆安装支架(图 5.39),以避免强电压对漏缆的电磁干扰。

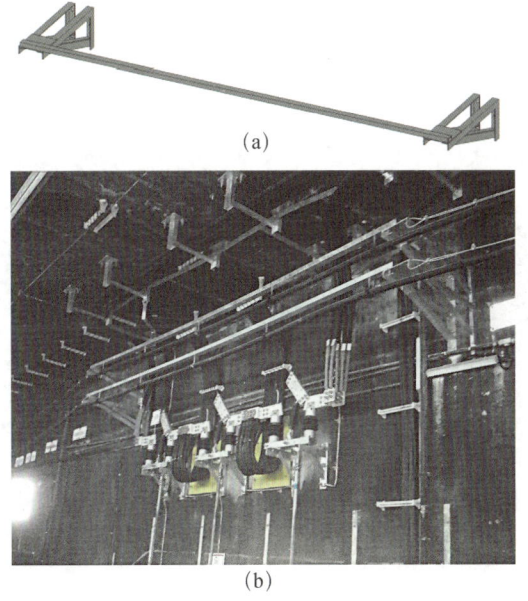

图 5.39　过桥式漏缆安装支架

5.3.17 当端头井区域电缆支架安装位置与隔离开关冲突时,通过 BIM 优化,设计专用阶梯型成套支架,以解决此处直角拐弯传统做法易导致的区间线缆弧度不一、交叉严重以及电缆支架站内标高与区间盾构区标高落差过大,使得电缆敷设很难做到平缓过渡等通病。阶梯型成套落地支架如图 5.40 所示。

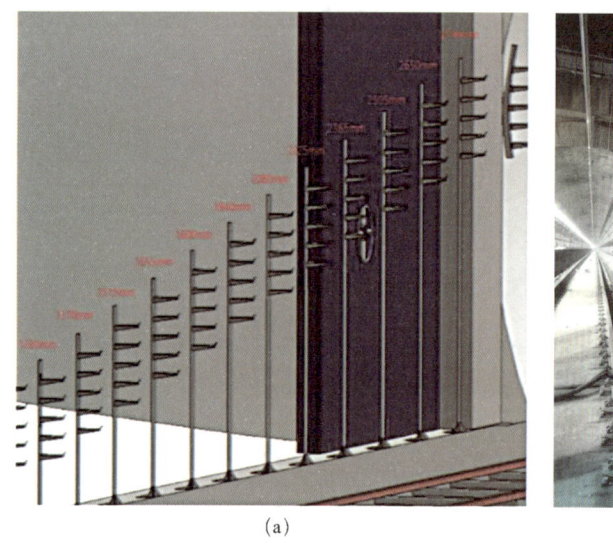
(a)

(b)

图 5.40　阶梯型成套落地支架

5.3.18 转辙设备安装前置条件的梳理,应检查道岔铺设是否满足安装技术条件。转辙机安装装置及设备分别如图 5.41 和图 5.42 所示。

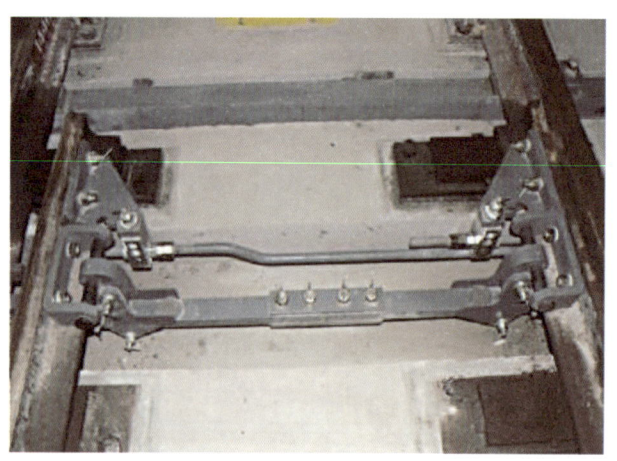

图 5.41　转辙机安装装置

图 5.42 转辙机设备

5.3.19 人防门孔洞侧端头井线缆走线,按照规划好的线缆位置进行敷设安装。人防门孔洞使用要求根据设计院已确认的图纸进行施工。各专业线缆经此位置弧度不一致,采用垂直爬架,支架水平处电缆可水平过渡直接进洞。上下孔洞线缆,先水平至爬架,再从爬架向上/下绑扎至相应洞口处再穿入,爬架离洞口 5 m,满足线缆弯曲半径要求,避免出现扇形、过渡弧度不一致的情况。人防门孔洞侧端头井线缆走线做法如图 5.43 所示。

图 5.43 人防门孔洞侧端头井线缆走线做法

参考文献

[1] 中华人民共和国住房和城乡建设部. 地铁设计规范:GB 50157—2013[S]. 北京:中国建筑工业出版社,2014.

[2] 中华人民共和国住房和城乡建设部. 地铁设计防火标准:GB 51298—2018[S]. 北京:中国计划出版社,2018.

[3] 中华人民共和国住房和城乡建设部. 民用建筑设计统一标准:GB 50352—2019[S]. 北京:中国建筑工业出版社,2019.

[4] 中华人民共和国住房和城乡建设部. 建筑设计防火规范(2018年版):GB 50016—2014[S]. 北京:中国计划出版社,2014.

[5] 中华人民共和国住房和城乡建设部. 无障碍设计规范:GB 50763—2012[S]. 北京:中国建筑工业出版社,2012.

[6] 中华人民共和国住房和城乡建设部. 建筑内部装修设计防火规范:GB 50222—2017[S]. 北京:中国计划出版社,2017.

[7] 中华人民共和国住房和城乡建设部. 自动喷水灭火系统设计规范:GB 50084—2017[S]. 北京:中国计划出版社,2017.

[8] 中华人民共和国住房和城乡建设部. 人民防空工程设计防火规范:GB 50098—2009[S]. 北京:中国计划出版社,2012.

[9] 中华人民共和国国家质量监督检验检疫总局,中国国家标准化管理委员会. 城市轨道交通照明:GB/T 16275—2008[S]. 北京:中国标准出版社,2009.

[10] 中华人民共和国住房和城乡建设部. 城市轨道交通通信工程质量验收规范:GB 50382—2016[S]. 北京:中国计划出版社,2017.

[11] 上海市住房和城乡建设管理委员会. 城市轨道交通工程技术规范:DG/TJ 08—2232—2017[S]. 上海:同济大学出版社,2017.

[12] 中华人民共和国住房和城乡建设部. 消防给水及消火栓系统技术规范:GB 50974—2014[S]. 北京:中国计划出版社,2014.

[13] 中华人民共和国建设部,中华人民共和国国家质量监督检验检疫总局. 气体灭火系统设计规范:GB 50370—2005[S]. 北京:中国标准出版社,2006.

[14] 中华人民共和国建设部. 气体灭火系统施工及验收规范:GB 50263—2007[S]. 北京:中国计划出版社,2007.

[15] 中华人民共和国住房和城乡建设部. 自动喷水灭火系统施工及验收规范:GB 50261—2017[S]. 北京:中国计划出版社,2017.

[16] 中华人民共和国住房和城乡建设部. 通风与空调工程施工质量验收规范:GB 50243—2016[S]. 北京:中国计划出版社,2017.

[17] 中华人民共和国住房和城乡建设部. 火灾自动报警系统施工及验收标准:GB 50166—2019[S]. 北京:中国计划出版社,2019.

[18] 中华人民共和国建设部. 建筑给水排水及采暖工程施工质量验收规范:GB 50242—2002[S]. 北京:中国标准出版社,2004.

[19] 中华人民共和国住房和城乡建设部. 地下铁道工程施工质量验收标准[两册]:GB/T 50299—2018[S]. 北京:中国建筑工业出版社,2018.

[20] 中华人民共和国住房和城乡建设部. 建筑装饰装修工程质量验收标准:GB 50210—2018[S]. 北京:中国建筑工业出版社,2018.

附录：18号线一期车站实景

1 | 2
. | 3

1. 周浦站站台
2. 御桥站站厅
3. 鹤涛路站站厅

附录：18号线一期车站实景

5
4 | 6 |

4. 消防泵房
5. 航头站站台
6. 开关柜室

附录：18号线一期车站实景

7. 丹阳路站站厅
8. 复旦大学站站厅